ジョン・コールマン博士

# アメリカとの麻薬戦争

OMNIA VERITAS®

# ジョン・コールマン

ジョン・コールマンは、イギリスの作家で、元秘密情報局のメンバーである。コールマンは、ローマクラブ、ジョルジオ・シーニ財団、フォーブス・グローバル2000、宗教間平和コロキアム、タヴィストック研究所、黒人の貴族など、新世界秩序のテーマに近い組織についてさまざまな分析を行っています。

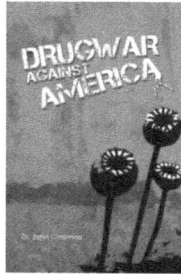

## アメリカとの麻薬戦争

*WE FIGHT FOR OIL*
*A history of US Petroleum Wars*

オムニア・ヴェリタス・リミテッドが翻訳・発行しています。

© オムニアベリタス株式会社 - 2022

OMNIA VERITAS®

www.omnia-veritas.com

# 第1章

## アメリカとの麻薬戦争

問題解決の第一歩は、それを問題として認識することです。アメリカは薬物問題を抱えています。この問題は、国家がその起源を解決しない限り、解決されることはないでしょう。

アメリカ人の大半は、麻薬が蔓延していることを知っている。しかし、それが「暗闇の支配者たち、高い所にいる邪悪な者たち、彼らの行為は邪悪であるため光よりも暗闇を好む」ことによって社会にもたらされたことを知る者は、ごく少数に過ぎないのだ。

本書は、彼らがどのような人物で、どのように世界最大かつ最も収益性の高い企業を経営し、何を達成し、どのような対策が有効であったのかについて書かれたものです。

麻薬取引は、売人がマフィアに支配されているような、単なる路上取引だと思ってはいけない。しかし、この呪われた貿易の真の推進者は、この世界の「エリート」、つまり「王室」、ヨーロッパの「貴族」、アメリカ、イギリス、カナダの「最高の」家族の回廊にいるのである。この取引は権力の最上層部にまで及び、根絶されたわけではなく、ある程度抑制されているに過ぎない。米国農務省や世界中の麻薬取締機関が、十分な水圧のないホースで森林火災を消そうとしている。なぜ、そんなことが可能なのか？

その答えは、麻薬取引を根絶することができないからである。なぜなら、その役員、闇の支配者、高位の悪人たちは、最小限の投資資本で巨額の利益を上げ、生産コストがほとんどかからず、事実上無料の製品である、世界で最も有利なビジネスを彼らから奪うことを許さないからである。この巨大な「社会」の支配者が直面する唯一の問題は、配送と流通である。私がある本で述べたように、大規模な動員を組織し、第二次世界大戦を戦い勝利するために海外に巨大な軍隊を送ることができる国は、麻薬取引を根絶するキャンペーンを組織することができるはずである。

麻薬密売は、第二次世界大戦のドイツや日本との戦争よりも大変な仕事なのでしょうか？もちろん、そんなことはない、アメリカならできる。問題は、アメリカの麻薬取締局がこの問題に取り組み始めるとすぐにXファクターが登場することである。Xファクターとは、麻薬取引で巨額の富を得る支配層のエリートのことである。

この貿易は1652年に始まり、他のいくつかの国も巻き込んで行われた。イギリス貴族の「上流社会」は、実は儲かる中国のアヘン貿易を牛耳っており、イギリス政府のパーマストン卿は、議会でこのことを述べたほどである。

英国貴族の一族、つまり支配階級が享受してきた莫大な富と権力は、この悪趣味で汚い行為に直接起因しているのである。私が「*週刊インテリジェンス*」などでたびたび述べているように、香港の支配権をめぐる英中両政府の長い争いは、島という土地そのものではなく、中国の外貨収入の64％を占めるアヘン貿易が生み出す数十億ドルの分け前を誰が手に入れるかという問題であった。しかし、大英帝国の崩壊とともに、中国がより大きな分け前を要求してきたため、イギリスは彼らの要求に応じざるを得なかった。世界貿易の支配は、英国の手に残るこ

とになった。「高貴」で非常に尊敬されている「旧」家、アメリカ人のような者に正しい時期を与えようとしない者、高位の権力の座を占める寡頭政治家の、汚れた手に残ることになったのだ!1950年代初頭、オルダス・ハクスリーとバートランド・ラッセルがLSDをアメリカの若者に紹介したことで、アメリカに対する麻薬戦争は新たな不穏な展開を見せた。

LSDは、スイスの寡頭政治・黒人貴族一族、ホフマン・ラロシュが製造している。LSDの実験は、公式にはスタンフォード研究所の管理下にあり、「ナオミ作戦」「アーティチョーク作戦」というコードネームで、マリファナやコカインを使って大規模な実験が行われた。

アメリカの若者は、緑の葉っぱをくしゃくしゃにして作った白い粉の吹雪の下に消えていった。同意する者もしない者も、最大規模の検査センターを挙げると、アディクションセンター、マウントサイナイ病院、ボストン精神病院といった場所で「検査」されたのです。イギリスのプロパガンダの本拠地であり、情報操作の中心地であるウィルトン・パークで完成されたテオ・アドルノの無調の「音楽」の宣伝と同時に、ロックバンドによる「ロックミュージック」という驚くべき詐欺が行われ、悪名高い洗脳や薬物「検査」プログラムを導入する媒体として使われるようになった。

その最初のきっかけは、エド・サリバンが麻薬中毒のビートルズを                    "発見"したことだった。ロックというビジネスは、アメリカの若者にドラッグを使わせ、それを社会的な習慣として容認させるための手段として、意図的にウィルトン・パークで考案され、完成されたものである。ロックは麻薬の普及のための手段としてのみ考え出され、ビートルズの実験の後に「発見」されたすべての「ロックバンド」は、多くの国の若者に対する心理戦の一部となったのであ

る。すべての詐欺的なバンドは、ウィルトン・パークで「無調音楽」と呼ばれる専門家によって結成され、その後、ウィルトン・パークは無防備なアメリカの大衆に「ロックバンド」を次々と解き放ったのである。アメリカで最も有名なラジオパーソナリティであるエド・サリバンは、「ビートルズ」をアメリカに連れてくるという世紀の犯罪に加担していたのだ!

ロックコンサートの宣伝や、あの醜悪な音、心を乱す不協和音を出すレコードやカセットの配布に携わった者は、麻薬の蔓延に関与したとして起訴されるべきであった。私は、ロックコンサートはすべて犯罪だと思います。なぜなら、若者に薬物を摂取させるために利用されるからです。このように、ロックコンサートは主に麻薬流通の隠れ蓑として組織され、アメリカではロック「音楽」が麻薬戦争に不可欠なものとなっているのである。今こそ、私たち国民が、手袋を外し、頭を打ち合わせる時なのだ!」。

ロックミュージック」を撲滅し、いわゆる「ロックコンセプト」を非合法化しない限り、麻薬取引の根絶は二重に困難であろう。これは、RCAレコード部門の閉鎖を意味する。長年、私のレポートを読んでくださっている方はご存知だろうが、RCAは、1924年、アメリカのマルコーニ社がイギリスのマルコーニ社の100%子会社となったことに始まるイギリス秘密情報局の一部門である。当時も今も、RCAはモルガン・ギャランティが親会社のウェスティングハウス社やゼネラル・エレクトリック社を支配しているため、英国人によって運営されている。ユナイテッド・フルーツ・カンパニー（現ユナイテッドブランド）は、会長のマックス・フィッシャーが1972年に共和党に巨額の献金をしており、RCA-
ウェスティングハウス-
G.Eグループが中南米とカリブ海地域で販売する通信機器すべてのフランチャイズを保有していた。RCA社は、第

二次世界大戦前からドイツと関係があった。RCA社の会長デビッド・ザーンホフが、ヒトラーの財界人であったヒャルマル・シャハトと生涯にわたって親交を持ったからである。このような友情があったからこそ、「判事」ジャクソンは、違法なニュルンベルク「裁判」でシャハトに対する有罪判決を下すことができなかったのである。ジャクソン判事は裁判官ではなく、弁護士であったが、ニュルンベルク裁判の空席を埋めるために、アメリカ政府の必死の要請を受けた。アメリカの正規の裁判官は、ニュルンベルク裁判の合法性を認めず、司法省からアメリカ政府を代表するという申し出を敬遠していた。

なお、ドイツではヒトラーの時代に違法な「娯楽用」薬物は完全に撲滅された。RCAは、長年イギリスのシークレットサービスのエージェントであったサーンホフを通じて、悪名高いMKウルトラLSD実験プログラムを監督していたスタンフォード研究所が行う様々な薬物関連の実験やプロジェクトに対して個人的に資金調達の努力を行っていたのだ。

現在についてはどうでしょうか。2009年半ばの時点で、全体像は非常に暗いです。DEAや国際的な麻薬取締当局は、麻薬取引の強固に守られたインフラに少しも歯止めをかけることができないでいる。DEAの努力にもかかわらず、アメリカへの麻薬の流入は増え続け、今や公式に制御不能の状態にある。これはアメリカが貿易を止められないということではありません。それは、アメリカが両手を縛られた状態で麻薬戦争を戦っていることを示している。薬物の脅威と戦う努力は、コミカルな演劇のように見え、薬物シーンの背後にいる人々にたどり着くまでは、これまでの失敗した試みと同じように成功しないでしょう。

未実施の以下の措置は、遅滞なく実施されるべきである。

> 貿易の原材料を生産している国への「海外援助」の蛇口を閉めよう。

> また、米国は麻薬生産国と特別な引渡条約を締結し、主要な麻薬生産者を米国に引き渡す権限を持つDEA捜査官が生産国で活動できるようにする必要がある。

人道に対する罪」に対するニュルンベルク法を策定できたのなら、アメリカの捜査官に大きな自由を与える国際協定も策定できるはずだ。麻薬取引は、人道に対する罪ではないのか？

> 米国は、（タヴィストック・ウォーターゲート事件の陰謀で行ったように）特別検察官を任命し、すべての麻薬関連の刑事訴追を調整する必要があります。

なぜなら、麻薬と麻薬取引は文明世界に対する戦争であり、人権に対する犯罪であることは間違いないからです。

> 米国は、貿易用の原料を生産する国々が、これ以上「作物」を生産しないという書面による合意に従って、その「作物」全体を指名管理された米国人に販売することを奨励するプログラムに取り組まなければならない。

> 米国のエージェントは、ケシの栽培地域（アヘンケシの本場であるアフガニスタンのヘルマンド州など）全体の土壌をケシ栽培に使用できないようにする協定を結ばなければならないのだ。

海岸線の取り締まりや麻薬密売の被害者の医療費にかかる膨大なコストに比べれば、はるかに安上がりです。

> アメリカが簡単にできる対策としては、麻薬の

売買や宣伝をした人が捕まったら死刑にする法律を制定することです。

➤ 薬物を吸ったり摂取したりして捕まった薬物中毒者は、特別法廷で裁かれ、有罪になれば、人間の快適さを最低限に抑えたモハベ砂漠の真ん中の少年院に送られるべきなのだ。

この期間中、すべての麻薬密売人は、麻薬の在庫を特別に選ばれた政府機関または市民委員会に引き渡し、直ちに焼却しなければならないのである。その後、麻薬を売ったり、販売用の麻薬を所持していた者が捕まると、死刑になる。

➤ ディスコやナイトクラブなど、薬物の使用が多い施設はすべて閉鎖に追い込み、その所有者には多額の罰金と、敷地内で薬物が使用されていたことが特別検察庁の法廷で証明されれば、実刑判決を下すべきである。ロックコンサート」は禁止されるべきであり、そのような「コンサート」のプロモーターは重い罰金と懲役刑に処されるべきである。

➤ 米国内や州境を越えて麻薬を運搬する者は、この目的のために設置された裁判所で特別検察官によって裁かれなければならない。有罪判決を受けた場合、人身売買者は死刑を宣告されるべきであり、判決は不当に遅延することなく執行されるべきです。

➤ 米国農務省は、すべての薬用植物生産国と条約を締結し、米国捜査官のチームが薬用植物が発見されたすべての場所を「捜索・破壊」できるようにする予定である。

すべての植物に存在するアミノ酸からなる新しい除草剤「サンキラー」を散布することで、この目的を効果的か

つ安価に達成することができるのです。この化合物は動物の生態には無害で、薬用植物にアミノ酸を蓄積させ、植物組織を崩壊させ、3時間以内に脱水させることで不要な生育を押しつぶす。

この新しい除草剤は、通常の作物にダメージを与えたり、土壌を汚染することなく、コカの茂みやポピー、マリファナ畑を根元から一掃することができるのです。全米科学財団のウィリアム・ロバートソン博士によると、除草剤を散布するのはちょうど夕方になる頃だそうだ。翌朝、太陽が昇ると同時に、連鎖反応が起こり、薬草は体液を失って「出血死」し始める。散布された植物は、数時間のうちにしぼんで枯れてしまう。この除草剤は、散布が簡単で安価、環境にも優しいという特徴があります。小麦、大麦、オート麦、大豆などの食用作物には反応しない。

国内の支援と国際的な協定があれば、アメリカは3年以内に、驚くほど低コストで、地球上から麻薬をなくすことができるのです。このプログラムは、条約やコンコルダートを通じて運用されるようになる可能性があります。このプログラムへの参加を拒否する国は、その国の領土に米国のエージェントを配置することを義務づける条項が含まれており、米国のすべての対外援助資金が引き揚げられることになる。

署名を拒否する国に対しては、（1933年にドイツに対して行われたような）世界的な貿易ボイコットを実施し、すべての国連機関を通じて、南アフリカやイラクに対して無慈悲に適用されたような国際的圧力をかけるべきである。新しい製品であるALAはすでに入手可能であり、米国は世界中で使用するために十分な量を生産する緊急プログラムに乗り出さなければならない。

戦争に動員しなければならない!このプログラムを全面的に実施するには、集中的な努力が必要ですが、それは193

9年から45年の間に必要とされた努力ほど大きくはありません。第二次世界大戦で強大な力を発揮できたのであれば、今、同じ努力をする義務があるのです。1939年当時、アメリカの安全保障はドイツに直接脅かされたことはなかった。ドイツはアメリカと喧嘩することはなかったが、麻薬の売人である「貴族」は、我々の安全保障と大国としての将来の幸福に対する直接的かつ非常に現実に危険な脅威である。米国はこれらの国々に宣戦布告し、その生産拠点と輸送・流通システムを消滅させなければならない。私たちは、人的にも技術的にも可能性のある巨大な資源を動員して、麻薬王に会い、破壊しなければならない。

過去34年間、アメリカ国民は戦争の流れが自分たちに不利になるのをなすすべもなく見てきました。これまでアメリカの人々は、私たちが戦争状態にあることを認識していませんでした。なぜなら、私たちのプロパガンダ工場が1939年にドイツを特定したように、敵を簡単に特定することができなかったからです。同じプロパガンダの「オピニオンメーカー」たちは、薬物問題には非常に消極的だ。「オピニオンメーカー」たちが同じネットワークの一員であることを考えれば、これはまったく驚くべきことではないだろう。毎年何百万人もの人生を台無しにしている麻薬からの莫大な利益は、国際テロの資金源にもなっていることをアメリカ人に理解させることが絶対に必要です。

最近のDEAの統計によると、アメリカではヘロイン、コカイン、マリファナの使用者が驚くほど増えている。テロに関しては、ペルーの「シャイニング・パス」の活動を思い出せば、麻薬資金がいかに殺人の資金源になっているかがわかるだろう。

このグループは、ペルーのフジモリ大統領が個人的に関与するまでは、世界で最も暴力的で凶悪なテロ集団の一

つであり、利益の大きいコカイン取引を獲得するために
ペルーを征服しようとする悪党の一団であった。しかし
、この行動によって彼は大統領の座を失い、身の危険を
感じて日本への亡命を余儀なくされる。

コカインは、2,000万人のアメリカ人に影響を与える脅威
となりつつあります。ジェットセットやハリウッドセレ
ブから人気を博し、毎日約5,000人が新規に利用していま
す。DEAのFrank
Monasteroは最近、テロと麻薬取引の関連は非常に強いと
述べた。"しかし、政権の一部の層はそのように見ていな
いと思う。"モナステロ氏は、どの「セグメント」を指し
ているのかは明言しなかったが、私は何人かの米国関係
者との会話から、彼が米国国務省のことを指しているの
だと知っている。

国務省は、麻薬取締りの方法を「対外援助」の停止と結
びつけることに一貫して反対を表明しており、私が本書
で紹介した方法を実施することに同意していない。国務
省の職員が、外務省の中で最も望ましくないのが麻薬取
締りの分野であることは、よく知られた事実である。

ランド・コーポレーション（ダニエル・エルズバーグに
ペンタゴンペーパーという悪評を与えた組織）を支配す
る王立国際問題研究所（RIIA）と外交問題評議会（CFR
）は、教育における薬物使用の撲滅努力は「矛盾し、あ
いまいで効果がない」とする要請を受けていない論文を
書いて事態を悪化させた。これは明らかに誤りであるが
、タヴィストック人間関係研究所（[1]）が運営する機関に
何を期待できるというのだろう。その主は、卑劣な麻薬
取引で利益を得ている人々そのものなのである。ランド

---

[1]*タヴィストック人間関係研究所*、オムニア・ヴェリタス社、w
ww.omnia-veritas.com 参照。

・レポートは、自国の軍隊を撃つようなものだ。もし、麻薬の群衆を撃っていたら、敵ではなく、友人を撃っていたはずだランド・レポートの正味の結果は、反薬物教育プログラムを阻止することだった。しかし、ランドは米国政府から多額の資金援助を受けています。これは、麻薬取引を最小限に抑えようとする私たちの努力の矛盾を示す一例です。

GAO（米国会計検査院）は、米国に密輸される麻薬のうち、法執行機関に阻止されるのはわずか10％であると推定している。これは目覚めの一歩になるはずだ!これだけの労働力、資金、技術力を持つ高度な工業国が、なぜこれほどまでに少ない割合の薬物しか阻止できないのだろうか?私たちは、麻薬取引を裏から操る"隠し玉"、謎の勢力「フォースX」を探さなければならないのだ。この点については、質問にきちんと答えるために、順を追って説明していくことにします。

最近見た資料によると、中国でのアヘンケシの生産量は2000年以降50％増加しているそうだ。この文書の他の統計によると、マリファナとコカの薬の生産量は30％と40％増加し、アフガニスタンのポピーからのアヘン生産量は2003年の米国とNATO軍による同国侵攻以来、年間4千ポンドから6千ポンドに増加したという。どのように実現したのですか?RIIA、ウィルトン・パーク、タヴィストック研究所、CFR、ヨーロッパの黒人貴族の支配的寡頭制が主導するアメリカに対する全面戦争を通じて。この戦争における彼らの主な手段は、今も昔も「ロックバンド」と「ロックコンサート」であり、「音楽」として通用する、心を破壊する無調子の退廃的な不協和音を絶え間なく宣伝することである。1950年に初めて使われたこの道具は、敵の対米戦争における主要な武器であり、誰かがこれを最後に止めさせるまで、薬物を広めるために使われ続けるでしょう

ヘロインの取引に話を戻すと、ケシの主な栽培地は東南アジアの「黄金の三角地帯」と、イラン、アフガニスタン、パキスタンの「黄金の三日月地帯」にそれぞれ存在する。

アフガニスタンやパキスタンのアヘン畑から中国の消費者に向けて出荷することで財を成した英国の「ジェントリー」一族が、1世紀をかけて必要な人脈を築き、今日も安全かつ有益にこの取引を続けていることは、想起に値するだろう。

中東に関しては、生のアヘンの多くはレバノン、シリア、トルコを経由している。中間加工を経て、フランクフルト経由でヨーロッパに輸送される。アヘンの流通は「フランクフルト・マフィア」が担当しており、悪名高いマイヤー・ランスキー（犯罪組織の有力者、現在は故人）がこの作戦の中心人物であった。ランスキーが亡くなると、そのポストはイスラエルのアリエル・シャロン将軍に譲られ、彼は死ぬまでその座に就いていた。シャロンは、コカインの原料となるコカの葉の主要産地であるボリビアやペルーといった「生産国」と強い結びつきがあった。レバノンは領地分割のために侵略され、私があるレポートで明らかにしたように、シリアのハーフェズ・アサド大統領の弟であるリファド・アサドは、シャロンとの「私的」取引のために、まず軟禁され、次にシリアから追放されたのである。リファド・アサドのシリア追放は国家的な問題となったが、追放の本当の理由である薬物犯罪は公表されることはなかった。

上院の秘密報告書によると、アメリカ国務省はレーガン大統領の麻薬生産国への譴責指令に従わなかったという。これは、ブッシュ大統領が任命した元国務長官で、麻薬取引と強い結びつきがある東部自由主義エスタブリッシュメントの元巨頭であるジョージ・シュルツという英国のエージェントを通じて、チャタムハウスが行使した

背景と支配力を考えれば、驚くにはあたらないだろう。

麻薬生産国は、麻薬問題はアメリカの問題であり、アメリカの麻薬需要がある限り、生産国はその需要に応えているに過ぎないと考えている。この考え方は、中国ではもともとアヘンの需要がなかったのに、同じように不謹慎な「貴族」たちが「必要」を感じてアヘンを供給し、「創造」したという事実を全く見落としているのである。この取引を止めるには、マリファナやコカインを始めとする薬物を「合法化」することだと考える議員もいる。もちろん、私的利用のための少量であることは言うまでもない。

これでは、火にガソリンをかけて戦うようなものです。これらの人々は、ペルー、ボリビア、コロンビアに私設軍隊を設置し、これらの国の麻薬取引への巨額の投資を保護しています。フロリダ州のポーラ・ホーキンス上院議員も、明らかに名前を明かせない個人的な情報源も、これを確認している。ボリビア、コロンビア、ペルーでは、こうした武装した私設軍隊が政府軍と激戦を繰り広げ、しばしば彼らを打ち負かしたのです

その結果、"耕作地
"は山賊に完全に支配され、政府関係者は耕作地に入る許可を得なければならなくなったのだ!当然、許可は下りない。「立ち入り禁止区域」に入った政府関係者は、多くが殺害される危険を冒して立ち入ることになる。ホーキンス上院議員は、違反国への「対外援助」を断つことに強く賛成し、その意向を表明した。ホーキンス議員は、上院のアルコール・薬物乱用委員会の委員長を務めていたが、あまりのしつこさにすぐにその座を失ってしまった。ホーキンス氏は、国務省内部から非常に強い反対を受けている。国務省は、「対外援助」は厳密にその管轄内にあり、干渉されるものではないと考えているからだ。1946年、デビッド・ロックフェラーがこの陰湿な米国

納税者の金の贈り物を制定し、CFRがそれを法律に書き込んだ時以来、国務省は外国援助詐欺に手を出さない態度をとってきた。元国務長官代理（麻薬担当）のクライド・D・テイラーは、国務省の立場を次のように言っている。

> 薬物問題を視野に入れておく必要があります。これらの国には他の外交的利益もあり、薬物のために彼らを疎外すると、数年後に他のことで彼らを必要とするときに後悔することになるかもしれません。海外援助の取り消しというのは、口で言うほど簡単なことではない。あなたが思っているほど、私たちは影響力を持っていません。

なんという告白なのでしょう。

とはいえ、英国が支配する国務省の反対にもかかわらず、この5年間、少なくとも書類上では一定の進展があった。パキスタン、ボリビア、ペルー、メキシコ、コロンビアと薬物規制協定を交渉しているが、非常に狭い条件である。

世界最大の生アヘン取引ルートであるパキスタンにとって、軍幹部や他の法執行機関が実質的な規制に反対しているため、この協定がアメリカへのアヘン流入に何らかの影響を与えるかどうかは疑問である。パキスタンの元大統領アリ・ブットは、軍の保護下で唯一積極的に麻薬取引に反対していたが、後継者のジア・ウル・ハク将軍に暗殺された。ブットはパキスタンの麻薬取引の撲滅に全力を尽くしており、彼女の麻薬に対する強い姿勢が死を招いたのだろう。だから、パキスタンのアヘン取引は鈍ることはないだろう。米国のウィリアム・フレンチ・スミス司法長官がパキスタンを訪れ、自ら政府に米国の実質的な支援でこれを阻止するよう呼びかけたにもかかわらず、これは続いているのだ。ウル・ハク大統領の対応は、ウィリアム・フレンチ・スミスの身の安全を保証することができないので、パキスタンを去るよう警告す

ることであった。それ以来、米国の司法長官がパキスタンを訪問したことはない。

地球の裏側では、コカインの最大の生産国はコロンビアだが、最近ブラジルで新たなコカ農園が発見され、その地位をブラジルに奪われそうな気配がある。

コカインは「非中毒性」に分類され、麻薬ディーラーの給料で複数の著名な医師が「永続的な有害作用はない」と明言している。しかし、ある勇敢な医師がニューヨーク・タイムズ紙に、コカインに関する実験では、長期にわたって使用者が深刻な脳障害を被ることが示されていると語ったことで、すべてが変わったのである。私が見たDEAの統計によると、アメリカに入ってくるコカインの75%、マリファナの59%がコロンビアから入ってきているそうです。

ボリビアが10%、ペルーが10%、メキシコが9%の大麻を生産しています。地元産の大麻が11%、ジャマイカ産が9%を占めています。

コカインの「製造」は比較的簡単な作業である。葉の元となる植物は自生しているが、現在では農園でも栽培されている。地元の安い農民の手で茂みから葉を摘み取り、防水シートの上に置いてスタンプを押し、パラフィンと炭酸カルシウムをかけ、砕いた葉を白いペースト状にしたものだ。その後、硫酸を加えて濾過した後、致死性の薬品であるアセトンを加えて放置して乾燥させる。白ワインを入れる人もいて、しばらくすると真っ白な結晶の粉-コカイン-
になる。1ポンドのコカインを生産するには、約300ポンドのコカの葉が必要です。人件費や原材料費が安いので、一次生産者の段階で5000%もの利益が出ることもざらにある。

コロンビアの麻薬取引は、つい最近まで軍、司法、銀行

によって完全に保護されていたが、1991年にベタンコート大統領が就任すると、それも終わりを告げた。コカイン取引で大きな利益を得ていた反体制派の軍人は、ベタンコートの反麻薬プログラムを支持する用意がなく、地位と階級を剥奪された。しかし、ベタンコート氏が去ってからは、「普通」に戻りました。この取引で得た資金のほとんどは、フロリダの銀行やスイスの銀行に預けられている。スイスのマスコミは、ベタンコート大統領の反コカイン政策はコロンビア経済に大きな打撃を与え、国の外貨獲得に大きな損失を与えるとして、公然と批判しているほどである。もちろん、これは大嘘である。なぜなら、「通貨」のほとんどはコロンビアに戻ることなく、スイスの銀行の金庫に収まるからだ。スイスの銀行家たちが、ベタンコートの反コカイン主義を快く思わなかったのも無理はない。

グノーシス教会の構成員は、ベタンコートに強く反発するようになった。コロンビアでは、MI9ゲリラ（スペイン語の頭文字でFARCと呼ばれる）は、収入のほとんどが麻薬関連から来るものであることを否定しています。ベタンクールはリーダーのカルロス・トレド・プラタ博士にコロンビア政府との協定にサインさせ、戦闘を休戦させたが、プラタはすぐに麻薬密売人に殺害された。

この殺人事件の直後、1984年4月30日の午後、バイクに乗った2人の暴漢がコロンビア法務大臣ロドリゴ・ララ・ボニーヤを射殺している。2人は麻薬の首都サンタマルタに逃げ込み、FARCの革命軍の私兵に守られることになった。どちらの殺人事件も、コロンビアが麻薬取引の撲滅に成功すれば、失うものが大きい麻薬ディーラーから好意的に受け止められている。ロペス・ミケルソン前大統領は失脚する前、コカインの密売に深く関わっていた。反麻薬議員の誘拐計画に失敗して国外に逃亡し、パリに潜伏していた。従兄弟のジェイミー・マイケルソン・アーベインは、マイアミに多額の資金を保持している。

マイケルソンは、コロンビア政府が麻薬の売人と交渉することを提案し、大問題になった。

かつてコロンビア銀行の頭取だった麻薬資金銀行家ウルベインは、政令番号2920に基づきベタンコートによって取締役2名が逮捕されたのと同じ日にマイアミに逃亡した。軍隊が麻薬植物の育つすべての畑にパラコート（草木を枯らす化学薬品）の散布を開始するという命令は、麻薬王やコカインマネーで最も利益を得ている者たち、ヨーロッパの黒人貴族のオリガルヒに対する打撃となったのです。

ベタンコールは麻薬取引撲滅の意志を示すために、口先だけでなく、深刻な暗殺の危機に直面したのである。ヨーロッパの麻薬王や貴族が、自分たちの商売に対する攻撃を軽んじるとは誰も思わないはずだ。

1985年、イギリスのケンブリッジで開かれた極秘会議で、アメリカの当局者がバハマの麻薬密売対策に協力を求めたところ、一切の協力も情報も拒否されたことをよく覚えている。バハマでは、政府全体がイギリスのあるメイソン・ロッジが運営する麻薬取引に関与しており、その収益はカナダロイヤル銀行を通じて洗浄されている。カナダはイギリス王室の外郭団体に過ぎず、アメリカと同じ意味での国ではないことを忘れてはならない）。

パナマなどにある米国の大手銀行の中には、英国、カナダ、米国の高位な個人にとって都合の良い導管となることで、現在年間5億5000万ドルと推定される資金の流れを促進するものがある。ノリエガ将軍は、麻薬資金の洗浄に関与していたパナマのロックフェラー銀行の一つを、米国麻薬取締局の意向を汲んでいると勘違いして、その蓋を開けてしまったことが問題になったのは記憶に新しいところだ。この有利な取引を保護し、温存しているのは銀行だけではありません。この取引において、国際通貨基金（IMF）の果たす役割はますます大きくなってい

ます。IMFが1960年以来、麻薬取引を保護してきたことは十分な証拠があるが、特に英国の有力機関とそれを運営する「貴族」一族との関係では、そのようなことはありえない。

イギリスでは、薬物を使用することは完全に合法ですが、取引することはできません。これは、コロンビアの場合、「需要のあるところに麻薬を輸出して外貨を稼ぐ権利がある」と考えるIMFの方針と一致している。この立場は、麻薬で得た収入がIMFの融資を返済するのに役立つという事実に基づいているが、これは全くの誤りである。IMFの中央銀行部門は、麻薬取引から多額の現金預金を受け取っているオフショア銀行と独占的に取引しています。

コロンビアの法務大臣ロドリゴ・ララ・ボニーヤが残忍かつ露骨に暗殺された後、IMFとローマクラブの「コネ」はパニックに陥り、M19の「軍隊」から距離を置き始めた。ベタンコートは怒り狂い、利用できるすべての蓄えを動員して、殺人を「コロンビアという名についた汚点」と称したのだ。ベタンコートさんは、「国家の尊厳が人質に取られている」として、人身売買組織との闘いへの協力を国民に直接呼びかけました。

カトリック教会にも闘争への参加を呼びかけ、イエズス会だけが脇を固め、総裁を支持することで合意した。レーガン大統領もベタンコート氏のような戦術をとれば、かつてない規模で国民の支持を得られたと思う。しかし、残念ながらレーガンはそうしなかった。イエズス会とグノーシス派がM19ゲリラと手を組んで組織の活動を妨害したものの、ありがたいことである。

ベタンコールの麻薬撲滅の努力にもかかわらず、彼らの複合破壊戦術を支える強力な「隠し味」があったにもかかわらず、ほとんど進展はなかった。ベタンコートは、DEAがコロンビアに入国し、麻薬工場にパラコートを散布

する権利を認めた。また、米国が長年捕らえようとしてきたコロンビアの著名な麻薬密売人の引き渡し要請も何度か認めている。しかし、今のところ、アメリカはそれに応えず、マイケルソン・アーベインをコロンビアに返していない。

コロンビアを訪問したホーキンス上院議員は、麻薬の売人を根絶やしにするコロンビア大統領の断固たる努力を賞賛した。しかし、私の情報筋によれば、アメリカ大陸へのコカインの流入が大幅に減速し、価格が高騰しているにもかかわらず、麻薬王たちの反撃がないわけではないそうだ。アルゼンチンやブラジルでは、新たなコカ栽培地を得るために事業を拡大した形跡がある。

ベタンコート大統領に完全に同調しているわけではないコロンビア政府関係者の中には、密売人が活動するジャングルの奥地に立ち入ることはできないと主張する者もいる。問題は、麻薬密売人が侵入できるのに、なぜ政府の麻薬対策部隊が同じようにできないのか、ということだ。ジョン・Tによれば、このような「不可解な」遠隔地でアヘンポピー（ヘロインの原料）の実験畑が育っている証拠があるため、これらのプランテーションサイトへの取り組みが急務であるという。下院麻薬乱用取締特別委員会のカサック氏。

"Los　　　　　　　　　grandes　　　　　　　　　mafioses
"は、1970年にアメリカでコカインの販売を本格的に開始してから、長い道のりを歩んできました。2006年からは、ボート、飛行機、ヘリコプターの船団と重武装した私兵を使うようになった。彼らは、多くの公共事業に資金を提供し、公共の恩人として慎重に行動してきました。世論からは、コカインやマリファナに対するアメリカの飽くことのない需要という、純粋にアメリカの問題を利用した「賢い経営者」と見なされている。領主の一人であるパブロ・エスコバル・ガビラは、スラム街の改善に

巨額の資金を注ぎ込んでいる。

ガビラ氏は、娘の結婚式に5万ドルを使い、国会議員に当選して、国会議員としての逮捕特権を得たこともある。彼は長年、米国DEA当局に指名手配されていた。しかし、ララ法務大臣がウジ・マシンガンで22発も撃たれてから、コロンビア国民は大きな嫌悪感に襲われた。そして、「大マフィア」に反旗を翻し、事態は動き始めた。イエズス会でも、ガビラとは距離を置いていた。麻薬事件の管轄が軍に移ったことで、かつて麻薬の売人が開く豪華なパーティーに出席していた多くの裁判官たちは、かつての権力を剥奪されたのである。また、ダリオ・カストリョン司教は、売人から受け取った金は教会建設に使われたと主張し、売人との関係を否定しようとした。裁判官の汚職はもはや許されないし、麻薬事件を裁くために設置された軍事法廷には、汚職者は入れない。

有力者であるオチョア一家も身を隠していたが、その部下であるロペス・ミケルソン大統領までが窮地に立たされた。オチョアは、他の大手麻薬密売人と相談していたパナマに電話をかけ、自国内で行われている大量逮捕を警告してきた。さらに、約100人の大物麻薬密売人の代理人であるガビラやオチョア3兄弟が、マイケルソンに助けを求めに行ったが、彼は応じなかったという。しかし、ヤクザはまだ終わっていなかった。驚くべきことに、オチョア夫妻はパナマでコロンビアのカルロス・ヒメネス・ゴメス司法長官と面会していたのだ。なぜか、ゴメスはこの会談を米国当局に報告しなかった。もしそうしていれば、アメリカの麻薬取締局員はパナマで数多くの逮捕者を出すことができたはずです米国大使のアレクサンダー・ワトソン氏がゴメス氏との会談を知らされたのは、その2カ月後だった。ここで、もうひとつの疑問が生まれます。アメリカの麻薬捜査官は、コロンビアの主要な麻薬ディーラーをすべて綿密に追跡していることが知られているので、これらの捜査官がパナマでの会合を知ら

なかったということはありえないだろう。隠された手、アメリカとヨーロッパの有力な一族、スイスの銀行家、IMFとローマクラブ、P2メイソンとおそらくCFRが、この段階で介入してきたようだ。

オチョア夫妻は72ページのメモを司法長官に提出し、逮捕の心配なくコロンビアへの帰国を許可する代わりに、コロンビアでのコカイン事業をすべて解体することを申し出たのだ。このメモをアメリカ当局に渡したところ、「犯罪者と取引はしない」という返事が返ってきた。ゴメス司法長官については、政府に事前報告せずに麻薬王と会ったことについて、「別の用事でパナマに行っていた」「偶然オチョアスに会った」という説得力のない言い訳をしている。ゴメス氏は、なぜベタンコート大統領にすぐに電話で知らせなかったのか、その理由を説明しなかった。ゴメスは、コロンビアの麻薬カルテルの「隠し味」の命令で行動していたというのが真相だ。コロンビアでは、司法長官は議会によって任命され、大統領に答える必要はありません。しかし、多くの議員たちはゴメスの奇行に深く怒り、辞任を求めたが、ゴメスはこれを拒否した。

エスコバル・ガビラは、サンディニスタ政府のイエズス会神父の保護を受けて、ニカラグアで活動を開始した。ガビラたちが同国でコカインを飛行機に積み込む様子を撮影した極秘写真は、私にはかなり信憑性があるように思えたが、年代は不明であった。これは、当時のイエズス会が支配するニカラグア政府が、アメリカに対する麻薬戦争に参加したことを示すものだったのだろうか。しかし、大多数の議員や上院議員は、レーガン大統領がサンディニスタ政権を打倒するために必要な権限を与えることを拒否したままであった。

> 問題は、「我々の」代表がなぜニカラグアのイエズス会共産主義政府を排除するためのいかな

る努力にも反対するのかということである。

➤ さらに言えば、なぜ彼らの多くがニカラグアへの「対外援助」や「融資」に投票したのだろうか。

➤ コンシニとリチャード・ルーガーの上院議員は、なぜ共産主義のサンディニスタに我々の税金を与えることに票を投じたのか？

➤ 麻薬密売人が危険な荷物をアメリカに持ち込むのを助けるだけでなく、世界中を回ってあらゆる機会でアメリカを攻撃しているという評判のマヌエル・デ・エスコトのような人物を、なぜ支持するのだろう。

隠された手、ローマクラブ、CFR、三極の東側エスタブリッシュメントとその高官の同盟者の力が暴露されるまで、アメリカはこの恐ろしい戦争に勝つことはできないし、勝つこともできないだろう。せっかくの努力が水の泡になる。アメリカ政府がパナマに、私が麻薬化学物質と呼ぶものの大量輸入を止めるよう主張しない限り、コロンビアのコカイン取引は根絶されないだろう。

パナマは大量のパラフィン、エーテル、アセトンを使って何をやっているのか？これらの化学物質は、よく知られているように、コロンビアへの直接輸入は許可されていません。したがって、パナマの輸入品が間接的かつ違法にコロンビアに積み替えられていることは明らかである。

この脚本が書かれた2003年以降、コロンビアはますます完全な麻薬国家にならざるを得なくなった。ゲリラは、3つの要因によって、より組織化されるようになった。

➤ パナマを占領したことで、パナマ運河地帯に入る麻薬が65％増加した。

> ➤ パナマの銀行による安易なマネーロンダリング。

> ➤ カストロによるMI9ゲリラへの支援強化。

その結果、より質の高い武器が大量にMI9に届くようになり、現金の供給も増えて、コロンビアの麻薬取引の拡大につながっているのです。パブロ・エスコバルは、豪華な自宅と屋敷を襲撃されて「逮捕」されたが、最近の情報機関の報告によると、米国の刑務所に短期間滞在した後、米国外に連れ出されたとのことである。

この重要なテーマについて、何百冊もある速記帳を調べていた時、ロンドンでの調査活動で記録した興味深い統計に出会ったのである。1930年、南米に投資したイギリス資本が、いわゆる「ドミニオン」への投資総額をはるかに上回ったという事実である。11月30日、この分野の権威であるグラハム氏が、イギリスの南米への投資額は「1兆ポンドを超えた」と発言した。1930年のことである。当時としては破格の金額であった。イギリスが南米に多額の投資をした理由は何だったのでしょうか？その答えは一言、「薬」です。

イギリスの銀行を支配していた富裕層は、当時も今も、その財布の紐を握っており、最も立派な面構えをしている。彼らはいつも薬人形と喜んで責任を取る下僕を用意していたのだ。当時も今も、リンクは常に最も希薄なものなのです。英国の立派な「貴族」銀行家については、当時も今も、誰も指をくわえて見ているしかないのである。しかし、チェンバレン一族やチャールズ・バリー卿の一族など、15人の国会議員がこの南米の巨大帝国の支配者であったことには、大きな意味があるのだ。

黒人がアフリカで最も恵まれた環境にある南アフリカで、いまだに抑圧を誇る英国の金融と名声の支配者たちは、トリニダードやジャマイカといった場所でも大忙しで

、麻薬取引の手綱を握っていたのである。これらの国々では、英国貴族の立派な家系の富裕層が、黒人を奴隷制度とさほど変わらないレベルに保ちながら、自分たちには多額の配当金を支払っていたのである。もちろん、トリニダード・リースホールズ社（石油会社）のような立派なビジネスの陰に隠れてはいたが、金の卵を産む本当のガチョウは昔も今も麻薬取引にいるのだ。

これまで、中国におけるアヘン貿易はあまり知られていなかった。それは、限りなく隠されていた。多くの学生が私のところにやってきて、中国人はなぜアヘンが好きなのかと聞いてくる。中国での実際の出来事について、さまざまな証言が飛び交っていることに戸惑いを感じていたのだ。単に中国人労働者が現地でアヘンを買い、アヘン窟で吸ったという見方もあった。私は、このような好奇心旺盛な人たちを啓発することに全力を尽くした。

実は、中国でのアヘン貿易は、イギリスの公定政策に従ったイギリスの専売特許であった。中国における印英のアヘン貿易は、ヨーロッパの植民地支配の歴史の中で最も秘密とされ、最も不名誉な章の一つである。統計によると、イギリス統治下のインドの収入の13%近くは、中国の中毒者にアヘンを売って得たものだという。中毒者は突然現れたのではなく、創り出されたのだ。つまり、まず中国人の間でアヘンの市場が作られ、その「需要」をロンドンの各銀行のオーナーであるイギリス人寡頭政治家が満たしたのである。

この儲け話は、人間の不幸を利用した最悪の例の一つであり、現在でも金融界の「ダーティ・ビジネス」の中心であるロンドン・シティが行ったダーティ・ビジネスのユニークな証左である。もちろん、「フィナンシャル・タイムズを見てみろ」、「正当なビジネスばかりだ」と、この主張には疑問がある。もちろんそうなのですが、貴族が自分の本当の収入源を*フィナンシャル・タイムズ*

で宣伝するとは思いませんよね？

イギリスは、アヘンがインドのベナレス渓谷やガンジス渓谷から中国に運ばれていることを宣伝せず、アヘン貿易を監督するためだけに存在する国営の専売局で部分的に加工していたのだ。まさか、当時のロンドンタイムスで読むとは思わなかったでしょう？

しかし、この貿易は1652年以来、東インド会社が行っており、その役員には英国貴族の有力者が名を連ねていた。彼らは、人類の一般的な群れよりも優れた種族であった。彼らはとても偉く、神でさえも、天国で問題が起きたときに自分たちのところに相談に来ると信じていたのですその後、英国王室はこの悪党の東インド会社と手を結び、ベンガルやインドの他の地域でアヘンを生産し、「通過税」と呼ばれるもの、つまり州当局に正式に登録されたアヘン生産者が中国に生産物を送った場合に課される税によって、輸出を管理するために利用したのである。1885年以前、アヘンがまだ「違法」（これは単にアヘン生産者からの貢ぎ物を多くするための言葉で、決して取引を止めようとするものではなかった）だった時代には、実に大量のアヘンが中国へ運ばれていた。イギリスは大胆にも、この致死性の物質を錠剤にして北軍と南軍に売ろうと、地球の裏側まで行ってしまった。もし、この計画が成功していたら、アメリカはどうなっていたか、想像がつきますか？この恐ろしい悲劇を生き延びた兵士は皆、完全にアヘン中毒になって戦場を後にしたことだろう。

ベンガル商人や銀行家は、このベンガル・アヘン貿易をイギリス東インド会社（BEIC）が買い取ることで巨額の資金が彼らの金庫に流れ込み、肥え太ることになった。したがって、その利益は、第一位の製薬会社であるホフマン・ラ・ロシュ社（LSDなどを製造しているホフマン・ラ・ロシュ社と同じ）の利益と同程度であった。ホフ

マン・ラ・ロシュ社は、その強欲を暴く者に対しては、スイス産業スパイ法を発動するので、意見を言うときは注意が必要である。

いずれにせよ、ホフマン・ラ・ロシュは、一般的に使われているバリウムという薬を作っている。2.5ポンドあたり3.5ドルほどかかるそうです。1キロ2万円で売り、天文学的な量のバリウムを使うアメリカ国民が手にするころには、1キロ5万円になっているのですホフマン・ラ・ロシュは、ビタミンCを独占しているが、それと同じようなことをしている。生産コストは1キロあたり1セント程度で、1万パーセント程度の利益で販売する。

彼らの下で働いていたアダムスという善良な男が、この情報を欧州経済委員会（EEC独占禁止委員会）に暴露したところ、スイス警察に逮捕され、3ヵ月も独房に閉じ込められるという虐待を受けたのである。そして、仕事もスイスからも追放され、年金も何もかも失ってしまった。イギリス人として、ホフマン・ラ・ロッシュと戦い続けた。今度、この礼儀正しく正しいスイス人ビジネスマンを見かけたら、このことを思い出してください。スイスの魅力は、アルペンスキーや青空の下での澄んだ空気だけではありません。その銀行部門は、合法・非合法にかかわらず、麻薬取引と、麻薬取引の主役である地獄の番人たちが儲ける巨額の利益で繁栄していると、長い間疑われてきたのだ。スイスの「クリーン」なイメージは、カバーの角が引っ込むと崩れ始める。サッチャー夫人は首相時代、ロンドンのヒースロー空港にある英国の税関を視察している。その目的は、税関職員に麻薬の脅威と戦うための「激励」をすることだった。なんという偽善でしょうか。英国の保守系有力紙は、サッチャー夫人の努力を嘲笑したが、彼女を偽善者とは呼ばず、脅威をもたらしたのが誰であるかという真実も明かさなかった。

"ああ、でも最近、アメリカやイギリスが注目すべき麻薬の押収をしたんだ
"と言うんでしょう。しかし、それは市場に出回っている医薬品の総額の0.0009%に過ぎません。これは、大物麻薬ディーラーとその立派な銀行家たちが「ビジネスを行うためのコストの一部」と呼ぶものである。若い薬物中毒者の葬儀に参列したことのある人なら誰でも-毎日たくさんいるのですが-、英国が直面している薬物問題についての首相の発言に心を動かされずにはいられないでしょう。麻薬の売人に厳しい彼女の姿に、ショックを受ける人はいなかっただろう。"私たちはあなたを追っている "と言った。"容赦なく追及する"。

サッチャー夫人

> "あなたを倒すまで、努力はもっともっと必要です。罰として、長い懲役刑が課されることになる。罰則として、麻薬の密輸で手に入れたものはすべて没収されます。また、多くの英国人は、ペナン空港でヘロインを密輸しようとしたためにマレーシアで死刑判決を受けた若い英国人のように、麻薬の密輸で捕まった英国人を助けてくれという海外からの訴えも拒否するでしょう。電話する意味がない。マレーシアのあちこちで、「麻薬密売は死刑」というポスターを見かけます。"

それはそれでいいのだが、それならイギリスの貴族のトップにいる人たち全員に等しく適用されるはずだ。マレーシアで若い英国人が麻薬取引で処刑されたとき、デブレッツのピアレッジ（英国王室の上流階級のリスト）の半分の人がそうなるはずだ。サッチャー夫人は、自分の新しい「タフ」な姿勢が誰に影響を与えると考えていたのだろうか。香港の名家であるケズウィックやマシソンが、彼女のレトリックに怖気づくとでも思ったのだろうか。しかし、網にかかった雑魚は、すぐに何千匹もの雑魚に取って代わられた。

薬物の脅威は、街角レベルでは対処できない。私が知る

限り、そしてこのテーマについて長年研究してきた私の意見では、少なくともイギリスでは、麻薬取引は、エルサレムの聖ヨハネ崇敬会のような機関さえ利用する、イギリス階層の最高人物によって運営されています。

1931年には、イギリスの5大企業の最高経営責任者が、王国の貴族に任命されるという報奨があった。製薬業界のトップに贈られる栄誉は誰が選んでいるのか？イギリスでは、ウィンザー家の当主として知られるエリザベス・ゲルフ女王のことである。この事業に携わっている銀行は枚挙にいとまがないが、主なものとして、ミッドランド銀行、ナショナル・アンド・ウエストミンスター銀行、バークレイズ銀行、そしてもちろんカナダ・ロイヤル銀行がある。

ロンドンのシティにいるいわゆる「投資銀行」の多くは、麻薬取引に首を突っ込んでいる。例えば、ハンブロスのような老舗の金融機関だ。もっと具体的に、アンソニー・イーデン卿の家族のような輝かしい名前を挙げよう。

私が見た秘密文書によれば、そしてその文書の私の最善の分析によれば、エデン一家はサッチャー夫人の「優等生リスト」に入る資格があったはずである。もし、私が幸運にも入手したように、ロンドンのインド官庁の公文書を調べることができれば、それ以外の結論は出ないことが明らかになると思う。私は、故フレデリック・ウェルズ・ウィリアムソン教授の文書の保管者が、これらの文書の研究において私に与えてくれた助けと援助に深く感謝するものである。もし、この書類が公開されたら、ヨーロッパの王冠をかぶった毒蛇の頭上で、どんな嵐が吹き荒れることだろう。ヘロインの洪水は、欧米諸国を飲み込む恐れがある。この巨大な事業は、大西洋の両側で、英米のリベラル派の特定のメンバーによって指示され、資金が提供されている。

ヘロインとは？

これはアヘンの誘導体で、アヘンは有名なガレンによれば、感覚を麻痺させ、眠りを誘う薬物である。また、市場で最も中毒性の高い薬物の一つです。アヘンペーストの原料となるケシの実は、インドのムガール人が古くから知っており、ケシの実を茶葉に混ぜて、敵の首を切り落とすのにふさわしくないときにこの飲み物を振る舞ったという。

1613年には、東インド会社を通じてベンガルから初めてアヘンがイギリスに到着しているが、その輸入量はごくわずかだった。イギリスのブルジョワジーに使わせるのは無理だから、そもそもイギリスの東インド会社が輸入したのである。このような失敗から、寡頭制は柔軟性のない市場を探すようになり、中国が選ばれたのである。

アヘン貿易が本格的に始まったのは、中国にアヘンが持ち込まれてからだということが、インド庁の『古記録雑纂』で確認できたのだ。これは、イギリス東インド会社（BEIC）の役人であったジョージ・バードウッド卿の個人文書でも確認されている。大量のアヘンはすぐに中国に運ばれた。BEICはイギリスでは失敗したが、中国のクーリー（労働者）の間では予想以上に成功し、彼らは薬によって悲惨な生活に耐えられるようになった。

1729年、中国政府によってアヘン使用禁止の法律が制定され、以後、イギリス寡頭政治は中国当局との戦いを始め、中国当局は敗れたのである。米国当局も同様に、今日の麻薬王との戦いに臨んでいるが、中国が戦いに敗れたように、米国も現在進行形で戦いに敗れつつある。

インドでベンガル・アヘンというのは、ガンジス川流域で栽培されるケシの実のさやから作られるアヘンのことである。アヘンはビハール州とベナレス州のものが最高で、もちろんインドの他の地域からも粗悪なアヘンがた

くさん出ている。最近、パキスタンでは、優れた品質の
アヘン（このような危険な製品に「優れた」という言葉
が当てはまるなら）が非常に大量に出回るようになった
。この膨大な貿易から得られる利益は、古くから「帝国
の戦利品」と呼ばれてきた。

1791年に行われた注目すべき裁判では、ウォーレン・ヘ
イスティングスが、東インド会社の費用で友人を富ませ
ることに手を貸したとして、訴えられた。実際の文言は
、莫大な金額を確認することができ、興味深い。

その罪状とは、ヘイスティングスが「スティーブン・サ
リバン（Stephen　　　　　　　　　　　　　　　Sullivan
Esq.）に4年間アヘンを供給する契約を、その契約を宣伝
せずに、明らかに明白で乱暴な条件で認め、同人のため
にすぐに財産を形成する目的で」与えたというものであ
った。半官半民、そして官民一体となった東インド会社
が独占していたため、「即席の財産」を作ることが許さ
れたのは、イギリスのいわゆる「貴族」「貴族」「寡頭
制」の家系だけであった。サリバンさんのような部外者
が、数十億ポンドのビジネスゲームに参加するのを手助
けしようなんて、大胆なことをしたら、すぐにトラブル
に巻き込まれる。

1986年、私は最も疑わしい情報源（つまり、明らかにKG
Bの第三部門の製品である）から、麻薬取引が神話上の「
ナチス」と関係があることを示すとされる出版物を目に
した。印刷した組織はまだナチスを追っている。ニュー
ヨーク動物園のラクダが風邪をひいたら、それは神話上
の「ナチス」のせいだ。

スイスの銀行にある神話上のナチス銀行口座の指導者で
あり組織的な天才であったとされる人物と個人的に何度
も話をするなど、5年間の調査を経て、私はこの印刷文書
の著者が単に安っぽい偽情報を提供していたのだと確信
したのである。いわゆる「ナチス」は、イギリスやアメ

リカとは違って、麻薬取引とはまったく関係がない--
この事実は、アメリカの麻薬取締局でもよく知られている。

これまで何度も指摘してきたように、そしていまだに懐疑的な人がいるように、名誉あるBEICは、議会の名誉ある議員であり、ロンドンの最高の紳士クラブにのみ所属する長い取締役を擁し、有利なアヘン貿易を取り扱い、英国政府またはそれ以外の誰からの干渉も許さないものであった。イギリスと中国の貿易は、BEICの専売特許であった。この会社にはちょっとした仕掛けがあって、インドや国内のメンバーのほとんどが判事を兼ねていたのだ。中国に上陸するためには、会社が発行するパスポートさえ必要だった。

イギリスでのアヘン取引疑惑を調べるため、何人かの調査員が中国に到着すると、東インド会社の「奉行」によって、すぐにイギリスのパスポートが剥奪された。中国政府との軋轢はよくあることだった。中国では、公式にはアヘンの輸入を禁止する法律（1729年の永成勅令）が制定されていた。しかし、イギリス東インド会社は、1753年までアヘンが中国の関税帳に記載されるようにし、アヘン1配給につき3テールの関税を課していた。当時、英国君主の特殊諜報機関（当時の「007」）は、厄介な人物を確実に買収するか、大金を持っていて買収できない場合は、単に抹殺することにしていたのだ。

イギリスの植民地資本主義は、常にイギリスの寡頭政治家の封建制度の主な滞在先であり、今日に至ってもそうである。1899年、貧しく、教育を受けておらず、軍事的な装備も整っていない南アフリカの農民ゲリラが、麻薬にまみれたイギリス貴族の手に落ちたとき、彼らは、自分たちに対して行われた残酷で容赦ない戦争が、中国でのイギリス麻薬取引による「即金」によってのみ可能となり、戦争を組織した富裕層のポケットに流れ込んでい

ることを知る由もなかった。本当の仕掛け人は、ドイツ出身のバーニー・バーナートとアルフレッド・ベルト、そして麻薬取引で生み出された金の海で溢れるロスチャイルド銀行のエージェント、セシル・ジョン・ローズであった。彼らは、南アフリカの草原の不毛の土の下に眠る金とダイヤモンドの富を求めていたのだ。この3人は、金とダイヤモンドの正当な所有者であるボーア人から、英国議会の援助、奨励、保護を受けながら、莫大な財産を強奪したのである。

金とダイヤモンドの採掘に携わったジョエル家とオッペンハイマー家は、この地球を汚した大泥棒だと私は思っている。

南アフリカの地下から採掘された何十億ドルという金やダイヤモンドの恩恵を受けるはずの一般の南アフリカ人は、この莫大な財産からほとんど何も受け取っていない。つまり、南アフリカのバビロン資本主義システムは、真の資本主義とは異なり、富を共有することを許さず、富を稼いだ者に富が行き渡らないので、南アフリカの人々は生得権を奪われてしまったのだ。

アヘン貿易で得た莫大な富によって、ビクトリア女王はボーア人に対する圧政の大戦争の資金を調達することができたのだ。英国の寡頭政治とその中の相互依存のファミリーの秘密に部外者が入り込むことは、事実上不可能である。イギリス国民の95％は、国の国富の20％以下でやりくりしていると推測されますが、これが彼らの言う「民主主義」なのです。それなら、アメリカ共和国建国の父たちが「民主主義」を嫌い、軽蔑したのも無理はない。

オリガルヒが保護色として自分たちに塗りたくったカモフラージュは、とても突き通すことができない。とはいえ、イギリスが命じたことをアメリカが実行するのだから、アメリカ人一人一人の生活に影響がある。

歴史はそのような例に満ちている。ルシタニア号沈没という大嘘でアメリカを第一次世界大戦に引きずり込んだイギリスのプロパガンダを見れば、私の言葉がいかに正しいかわかるだろう。ここでは「素敵な英国紳士」の話ではなく、自分たちの生活様式を守るために、麻薬取引と表裏一体の冷酷なエリートの話をしているのだ。

英国の政治家のうち、ある程度著名な人物は、いずれも現職の死後、長男に爵位が移る、いわゆる爵位家の子孫であることが大半である。この制度は、上流階級の中に入り込んだ異質な要素を覆い隠すのに役立っている。第二次世界大戦の指揮を執ったハリファックス卿（駐ワシントン英国大使）を例にとろう。息子のチャールズ・ウッドは、ロスチャイルド家の親戚であるプリムローズ嬢と結婚した。スウェイスリング卿のような名前の背後には、エリザベス女王に関連し、シェル石油会社の大株主であるモンタギューの名前があった。もちろん、彼女の麻薬取引による莫大な財産については何も語られていない。この取引は、私が示したように、18$^{ème}$世紀に遡るものである。

中国のアヘン貿易の中心人物の一人であったパーマストン卿は、アヘン貿易がいつまでも続けられるという信念を頑なに持ち続けていた。

現地にいた部下エリオットからの手紙には、「中国政府に十分な量のアヘンを渡せば、独占できるだろう」と書かれていた。その後、イギリスは配達を制限し、中国の「クーリー」は服用料をより多く支払わなければならなくなった。そして、中国政府がひざまずくと、イギリスは再び高い値段で供給を申し出、中国政府を通じて独占を維持するのである。しかし、この計画は長くは続かなかった。中国政府が倉庫に保管されていた大量のアヘンを破棄し、イギリス商人が広州市にこれ以上アヘンを輸入しないよう個別契約を命じられると、報復としてさま

ざまなフロント企業と契約し、マカオへの道を走る船の多くにアヘンが満載されるまでには、そう長くはかからなかった。

中国の林委員はこう語る。

> 「今この地（マカオ）に向かっている英国船には、決して元の国には送り返されない大量のアヘンが積まれています。この海岸で売られているに違いない。アメリカの色を使って密輸されていると知っても驚かないだろう。"

しかし、この悪名高い取引の最近の歴史に話を移そう。この取引は、膨大な量のコカインや、バリウムなどの巨額の利益をもたらす合法的に生産された薬物、いわゆる「処方薬」にも拡大した。イギリスの寡頭政治家は、本社を広州から香港に移したが、同業者として残っていた。2009年の今日も、コロニーの著名人のリストが示すように、彼らはそこにいる。

前著でも述べたように、アヘン貿易から発生した第二次産業によって、香港は世界で最も重要な金取引の中心地となったのである。金はアヘンの原料を生産する農民への支払いに使われる。結局、中国の農民はアメリカの100ドル紙幣で何をするのだろう？アヘンは中国の国民総生産の64％を占めており、この「オフバランス」貿易の規模を知ることができる。非公式には、ベルギー、オランダ、チェコ、ギリシャ、ルーマニアというヨーロッパの小国5カ国の国民総生産（GNP）の合計に匹敵すると推定されています。

ゴールデントライアングルは、パキスタン、インド、レバノン、イランと争っているが、アフガニスタン以外ではおそらくアヘンの主要な供給地であろう。この有利な取引において、銀行の役割は何でしょうか？これは非常に長く複雑な話なので、別の本を待つ必要があります。一つは間接的な方法で、原料のアヘンをヘロインに変えるために必要な化学薬品を輸入するフロント企業に銀行

が資金を提供する方法である。

ロンドンに大きな支店を持つ香港上海銀行が、この問題の中心である。テジャパイブルという会社は、「ホンシャン銀行」の愛称で親しまれる香港上海銀行と銀行取引をしている。この会社は何をやっている会社なんですか？精製工程のキーケミカルである無水酢酸を大量に輸入しているのだ。同社は、ゴールデントライアングルへの無水酢酸の主要な供給元です。この貿易の資金調達は、ホンシャン銀行の子会社であるバンコクメトロポリタン銀行が担っている。このように、ゴールデン・トライアングルにおけるアヘン取引に関連する二次的活動は、アヘン取引そのものほど重要ではないものの、これらの銀行に非常に大きな収入をもたらしているのである。

私は、金の価格とアヘン貿易の浮き沈みを結びつけて批判されたことがある。金にとって重要な年である1977年に何が起こったかを見てみよう。中国銀行は、突然、何の前触れもなく80トンの金を市場に放出し、金愛好家やアメリカに多数存在する鋭い予測家たちに衝撃を与えました。

専門家も、中国が昔から金を買って蓄えていたことを知らなかった。これが金価格を押し下げた。専門家は、「中華人民共和国がこれほど大量の金を持っているとは知らなかった」と言うだけであった。金塊はどこから来たのか？アヘン貿易から来たもので、香港で「通貨」として使われていたのですが、金価格予測の天才がそんなことを知るはずもなく！

ゴールデントライアングルで活動しているのは、イギリス人だけではありません。大手バイヤー（またはその代理人）は、欧米各地から定期的に香港に買い付けにやってくる。ヘロインは香港の港から大量に出荷され、欧米に渡り、自称「ロック」コンサートで配布されるのが目的だ。赤の中国は、このような有利な事業で双方と協力

ジョン・コールマン（JOHN COLEMAN

できることを喜んでいる。ちなみに、中国の対英政策は、麻薬取引との関係で、19^{ème}世紀当時とほとんど変わっていない。香港の経済と連動している中国経済は、もし取引が成立していなければ、大きな打撃を受けていただろう。

その証拠に、中国がスタンダード&チャータード銀行から受けた融資は、その一つである。それ以来、マシソン一族は中華人民共和国とマシソン銀行が共同開発した新しい不動産プロジェクトに3億ドルを投資しています。現代の香港の繁華街は、どこを見ても新しい高層ビルが建ち並び、大銀行とアヘン貿易、そして赤化中国との密接な関係を物語っている。

少し前の国連でのベネズエラ大使の発言を引用させていただきますが、非常によく練られた発言だと思います。

> 「薬物問題は、すでに単なる公衆衛生問題や社会問題としては扱われなくなっている。それは、国家主権に関わる重大かつ広範囲な問題であり、国家の独立に関わる国家安全保障の問題でもあります。"

薬物は、その生産、販売、消費のすべての形態において、私たちの倫理的、宗教的、政治的生活、歴史的、経済的、共和制的価値を傷つけ、全世界を非国民化、非自然化しています。IMFや国際決済銀行（BIS）は、まさにこのような仕組みで運営されている。私は躊躇なく、これらの銀行は麻薬取引の決済機関に過ぎない、と言う。

BISは、IMFが沈没させたい国には、逃亡資本を容易に流せるような設備を整えて手助けしている。BISはまた、「逃避資本」と洗浄された麻薬資金を区別していない。仮に違いが分かったとしても、BISは決して言わない。2005年の年次報告書でも明らかである。ベネズエラ大使の発言に戻ると、BISはIMFを通じた要求を通じて、多くの国の社会的、宗教的、経済的、政治的生活に干渉し、深刻な脱国民化を進めていることがわかる。そして、もしあ

る国（米国を含む）が膝を屈することを拒否したら、BIS
は事実上、「いいだろう、それなら我々が非常に大量に
保有している麻薬ドルで脅迫してやろう」と言うのであ
る。なぜ、金が破壊され、紙の「ドル」に代わって世界
の基軸通貨となったのか、今なら簡単に理解できるだろ
う。金準備を保有する国を脅迫するのは、価値のない紙
の「ドル」を保有する国を脅迫するほど簡単ではない。

香港で行われた国際通貨会議のミニサミットには、私の
情報源であるインサイダーも参加して、まさにこの問題
を扱った。私が聞いたところでは、IMFはまさにそれが
できると確信している。つまり、「ドーピングしたドル
」で、その条件に従おうとしない国を恐喝できるのであ
る。

クレディ・スイス社のライナー・E・ガット氏は、「近い
将来、国の信用と国の金融が一つの組織の下に置かれる
事態を予見している」と述べた。具体的には書かなかっ
たが、ガットがBISを単一の世界政府の一部として語って
いたことは明らかである。誰にも疑われないようにした
い。

コロンビアからマイアミ、パレルモからニューヨーク、
ゴールデントライアングルから香港まで、麻薬はビッグ
ビジネスである。街角の麻薬の売人のような商売ではあ
りません。世界最大の貿易を成功させるためには、莫大
な資金と専門知識が必要なことは、皆さんもよくご存知
のはずです。

このような才能は、ニューヨークの地下鉄や街角では見
られない。しかし、ディーラーや行商人は、たとえ簡単
に取り替え可能な小口の業者に過ぎないとしても、シス
テムの不可欠かつ重要な部分である。何人かが逮捕され
たり、殺されたりしたところで、それがどうした？代わ
りはいくらでもいる。いや、これは小さな組織ではなく
、巨大な帝国なのだ、この汚い麻薬ビジネスは。そして

、必然的に、どの国でも一番偉い人たちが、トップダウンで運営することになるのです。

そうでなければ、国際テロと同様、とっくに排除されているはずだ。この活動がまだ続いているだけでなく、拡大しているという事実は、この活動が最高レベルの基盤にあることを、どんな合理的な人間にも示しているはずである。

世界最大のこの貿易に関わる主な国は、ソ連、ブルガリア、トルコ、レバノン、アメリカやフランス、シチリア島、南西アジア、インド、パキスタン、アフガニスタン、中南米だが、重要度の順番は違う。消費者の観点からは、米国、欧州、そして最近では英国が主要な市場となっています。

先ほども言ったように、ソ連や鉄のカーテンの国、マレーシアでは薬は売られていない。トルコなど多くの生産国では、薬物使用者や小規模な売人に対して非常に厳しい罰則を設けています。中には死刑を適用する国もあります。ただし、「反麻薬」を世界にアピールするために、雑魚に限ります。

麻薬帝国は、伝統的なヘロインと比較的最近登場したコカインという2つの「商品」に分かれている。LSD、クアールード、アンフェタミンなどの劇薬を製造している悪名高いホフマン・ラ・ロシュ社のような「合法」企業が製造する第三のカテゴリーの麻薬がある。巷では「ポッパー天国」と呼ばれている「興奮剤と抑圧剤」である。この帝国はゆるいビジネスなのか？その答えは、「イエス」ということになりそうです。例外もあります。ブルガリアの製薬会社として有名なキンテックス社は、紛れもなくブルガリアの国営企業である。汚い金を扱う（そしてそれが汚い金であることを知っている）銀行のほとんどは、子会社のネットワークを通じて活動している有名な多国籍銀行である。

例えば、キンテックス社は、自社で倉庫を持ち、国際共通市場条約（C.M.T.）の対象車両を含むトラック群、パイロットや航空会社の乗務員を含む高度なクーリエのネットワークを持っています。

UNECEをご存じない方のために説明すると、TIR車とは国際道路三角地帯を走るトラックで、そのマークが明記されており、生鮮品だけを運ぶことを想定しています。出国国でその国の税関職員が検査し、専用のシールで封印することになっている。

加盟国の国際条約上の義務として、これらのトラックは国境で止められず、常に無検査で通過することになっている。ブルガリアやトルコの言葉を信じて、TIRのトラックにヘロインやコカイン、生のアヘン、ハシシ、アンフェタミンなどが入っていないことを祈るしかないのだ。問題は、TIRトラックが大量の麻薬を隠し持っているケースが多いことだ。

国際条約を無視し、ブルガリアのソフィアから来たトラックであることを隠す書類を、他の国の手先の金で作ってもらうこともできる。

極東から入ってくる大量のヘロインやハシシを止めるには、TIR制度をやめさせるしかないのだ。しかし、それこそが、そのために設定されたものなのです生鮮品や貿易円滑化については忘れてください。世間では煙に巻かれているんです。TIRはドラッグの代名詞のように思われているケースが多すぎます。ケネディ空港で偽底のスーツケースの中から大量のヘロインが発見され、不幸にも「運び屋」が逮捕されたという記事を読んだら、今度からこのことを思い出してください。報道機関にとっては、まさに「スモール・ビール」である。

その他、トルコ、パキスタン、イランなどでもポピーが栽培されている。しかし、300年以上前からそうであるよ

うに、「最高の」ものはインド・パキスタンやタイから
やってくる。このような高山や谷の遠隔地では、山岳民
族がこの植物を栽培し、カミソリで切ってサヤから濃い
樹液を採取している。

これらの資源のほとんどはタイの野生部族の手に渡り、
インドでは商業用の金の栽培と収穫を行うのはバローチ
族である。部族が金での支払いにこだわることから、「
黄金の三角地帯」と呼ばれている。クレディ・スイスは
、輸送や取引が容易な1キログラムの純金バー（業界では
フォーナインスとして知られている）の販売を開始した
。この金のほとんどは香港を経由する。香港の金取引業
者が呼ぶところの「ドープ・シーズン」の最盛期には、
ニューヨークとチューリッヒを合わせたよりも多くの金
が取引された。この地域だけで、多い年には約175トンの
純ヘロインが生産されると推定される。そのヘロインは
、シチリアのマフィアとフランス側のビジネスに送られ
、マルセイユからモンテカルロまでのフランス沿岸部に
はびこる研究所（グリマルディ一族もその1つだ。）

イランやトルコを経由し、レバノンを通るルートがある
。パキスタンの貿易はマクラ海岸を経由する。イランで
は、何世紀にもわたってそうであったように、「運動」
はクルド人によって担われている。主要な中継地はもち
ろんトルコだが、最近はベイルートが非常に重要になっ
てきている。そのため、地元の男爵がそれぞれ領地を切
り開こうと、ベイルートで戦争が起きている。トルコに
は非常に大きな製油所がありますが、これはかなり最近
のことです。同様にパキスタンでは、「軍事防衛研究所
」として運営されている新しい研究所が、生のアヘンを
精製し、川下への輸送を容易にしている。

アメリカがインドではなくパキスタンを支援するのは、
これが理由なのだろうか。パキスタンに大きな投資をし
ている銀行があり、それはカレー粉でもカーペットでも

ない。しかし、最終的により精巧な精製は、今でもトルコやフランス沿岸の研究所で行われている。

そこで立ち止まって、私が書いたことをよく考えてみてください。あらゆる高度な技術、方法、機器を駆使しても、法執行機関がこれらのヘロイン工場を発見し、破壊することができないということはあり得るのだろうか？もしこれが本当なら、欧米の情報機関は老人医療が必要だ。いや、とっくに死んでいるはずで、埋葬するのを忘れているのだ！」。

子供でも、私たち製薬会社に指示を出すことができるのです。ヘロインの精製に必要な化学成分である無水酢酸を製造する工場をすべて管理することは、非常に簡単なことだ。笑ってしまうほどシンプルで、アニメや映画の「ピンクパンサー」シリーズに登場する「クルーゾー警部」を彷彿とさせる。無水酢酸のルートと行き先をたどれば、貧乏なクルーゾーでも研究所を見つけられると思うんです。政府は、メーカーに、製品を誰に販売したかを特別に記録することを義務付ける法律を制定すべきである。しかし、この点については期待しない方がいい。麻薬取引は、ヨーロッパ、イギリス、アメリカの古い「貴族」の寡頭政治が支配するビッグビジネスの代名詞であることを忘れてはならない。さあ、「そんなことはない」と怒らないでください。

もちろん、イギリスやアメリカの貴族は、店の窓に広告を出すようなことはしないし、そのような汚い商売には汚い人間が必要で、だからマフィアがいるのだ。中国のアヘン貿易の時も貴族は手を汚さなかったし、その後もずっと賢くなっている。万が一、その中の一人が逮捕されたとしても、そのことを知る由もなく、すぐに釈放されるでしょう。

麻薬取引は、緩やかな組織で行われているのですか？繰り返しますが、適格なイエスです。しかし、アメリカと

イギリスは300のファミリーによって運営されており、彼らは企業、銀行、結婚を通じて、黒人の貴族とのつながりはもちろんのこと、相互に絡み合っていることを忘れないでください。緩やかな存在ではあるが、貫通させようとしてはいけない。

間違って近所で質問すると、非常に奇妙なことが起こる危険性がある--
少なくとも、あなたがまだ生きているのなら。均等に、等間隔に、トルコから「商品」が降りてきて、ブルガリアに到着する。そこでTIRトラックに再梱包され、アドリア海沿岸のトリエステやフランス沿岸に出荷される。繰り返すが、この2つの地域のすべてのTIRトラックを監視し、24時間体制で監視するのはどうだろうか。また、海路と空路があるが、どちらも「お上」にしっかり守られている。

しかし、ヘロインは価値が高いので、それほど多くはなく、ビジネスのコストとして消費されるのはコカインとマリファナがほとんどです。不思議なことに、少量であれば、売人自身から「ヒント」が得られることが多い。

南米では、コカインとの戦いがあります。コカインの「製造」は比較的簡単で、基本的な製品は安価で入手しやすい。法執行機関を巻き込むリスクよりも、コカイン王の網にかかるリスクを取る覚悟があれば、大きな財産を手にすることができるのだ。

侵入者は歓迎されず、たいていは常に勃発する「お家騒動」の犠牲になってしまう。コカインの主な生産国はコロンビア、ボリビア、ペルーで、ブラジルにコカ・ブッシュを持ち込もうとする動きもある。コロンビアでは、麻薬マフィアは当局の知るところとなり、親密なファミリーとなっている。

問題は、それらをどうにかすることです。コカイン王は

、英米の最高権力者の保護を受けながら、コロンビアの
ベタンコート大統領のような真摯な反ドラッグの闘士た
ちの努力を公然と軽蔑しているのだ。

ベタンコートさんは、限られた資源でできる限りのこと
をしましたが、十分ではありませんでした。コカインの
売人や生産者の惨劇は、コロンビアの国民生活を支配し
続けている。根絶する方法はないようです。ベタンコー
トさんは、生き残るために膨大な戦いに挑んできました
。一方、麻薬王はIMFからあらゆる支援を受け、もはや
ベタンコートが生き残るかどうかではなく、彼がどれだ
け権力にしがみつくことができるかが問題だった。アメ
リカへのコカインのもう一つの主要供給国はボリビアで
、シレス・ズアゾ大統領は短期間、アメリカに流れ込む
コカインの流れを止めようとしたが、その努力は失敗に
終わった。ここでもまた、IMFと国際決済銀行（BIS）に
ことごとく反対されている。彼の経済計画はことごとくI
MFから「受け入れられない」と宣言されている。労働不
安を煽り、ストライキや「デモ」で政権運営に支障をき
たす。ヨーロッパの毒蛇の王冠をかぶった者たちが、こ
の反シラスのキャンペーンを指揮しているのだ。シラス
は、ボリビア軍の支持を受けていない。シラスが権力を
握る前に、多くの高級将校がコカイン王から高い報酬を
得ていたのだ。彼らは、仕事に付随する「役得」を恋し
がったのだ。IMFが課した緊縮財政を嫌っていたのだ。1
985年7月14日、国政選挙でサイラスが失脚すると、事態
は一変した。

1971年から1978年まで同国の指導者だったウゴ・バンザ
ー・スアレスが大勝利を収めた。スアレスは、ウォール
街の銀行家やキッシンジャーの友人たちから非常に強い
支持を受けており、もちろんボリビアの将校クラスから
も信頼を得ていたので、これは予想外ではなかった。

元独裁者であり、ボリビアのマフィアと親交のあるスア

レスには、コカイン取引の拡大が期待されていた。IMF
から受けた援助の「報酬」として、スアレスはIMFがボ
リビアに課した残酷な条件を実行することが期待されて
いたため、その後の数ヶ月で多くのボリビア人が飢えと
餓死をするのを目の当たりにすることになった。もちろ
ん、これらはすべて「グローバル2000」の報告書に沿っ
たものです。同時に、米国にコカインが大量に流れ込む
ようになった。

IMFは、イギリスとアメリカの麻薬取引のヒエラルキー
に代わって行動し、ボリビアを混乱に陥れることに成功
した。実際、選挙が行われた期間、この国は統治不能に
陥った。ベネズエラ大使が「麻薬取引は国家主権、政治
、経済を損なう」と言ったのは、このことを意味してい
る。ボリビアほどわかりやすい例はないでしょう。バン
ザーの勝利で、IMFの妖精のゴッドマザーは突然、外国
債権者との交渉でボリビアを支援すると発表した。ボリ
ビアの主要産業は鉱業と農業である。これは、コカイン
取引に反対したシレス氏を追放し、罰するためにIMFが
意図的に仕組んだことである。IMFの成功はあまりにも
明白である。同じくコカイン生産大国のペルーも、新首
相の反コカイン姿勢でIMFから攻撃された。1985年8月2
日、政府は違法通貨取引業者の取り締まりを発表し、200
人以上が逮捕され、金利が引き下げられ、最低賃金が50
％引き上げられた。

これは、厳しい緊縮財政を要求するIMFの要求や条件と
は全く逆のものであった。IMFはすぐに行動を起こした
。

事実上鎮圧されたゲリラ運動は、突然新たなエネルギー
を持ち始め、指導者アビナル・グスマンのもと、数百人
の農民を殺害する暴挙に出たのである。リマで爆弾テロ
が発生。

経済は麻痺していた。この混乱に嫌気がさした国民は、

強いリーダーを求めました。そして、日本人の血を引く
ペルー人のアルベルト・フジモリの中に、その存在を見
出したのである。フジモリは、名誉を重んじ、誠実な人
物で、ペルーの麻薬取引の脅威を取り除く最良の希望で
あるように思われた。地滑り的に当選したフジモリは、
経済面でIMFやBIS、さらに資金力と組織力のあるロビー
団体と戦うという困難な仕事に直面することになった。

アメリカとイギリスは、グスマンとそのゲリラ軍を支援
した。

# 第2章

## 国際的なアヘン／ヘロイン取引におけるアフガニスタンの役割

アフガニスタンが再び話題になっているのは、300人委員会の先祖であるイギリス東インド会社（BEIC）の時代からそうだったように、原料アヘンの主要産地の一つだからである。また、パキスタンがアヘンケシ栽培に果たした役割を検証し、パキスタンの選挙で選ばれた政府が転覆して軍事政権に取って代わられた少なくとも3回の機会に、なぜアメリカが見て見ぬふりをしていたのか、一方でチリとアルゼンチンは同じ「犯罪」で「特別措置」を受けたのか、その理由を説明したい。

アフガニスタンは、ヒンドゥークシ山脈の北に位置する古代のイスラム教国である。ハイバック谷で発見された古楽器の中には、炭素年代測定が行われ、少なくとも1000年以上前のものであることが判明しているものもある。欧米人を惹きつけたのは、アヘンを生産するポピーの栽培に適した気候と土壌であった。1747年から1929年までバラクザイ王朝が統治し、王朝関係者と部族指導者の対立が長引いたことで知られる国である。

18$^{\text{ème}}$
世紀以前は、ペルシャの支配下にあり、一部はインドの支配下にあった。バラクザイ一族は少なくとも150年間アヘン貿易を支配し、ご存知のように、アメリカ軍がタリバンを打倒した際、同族であるハミド・バラクザイをア

フガニスタンの責任者に据え、現在同国は彼の支配下にある。

1706年、カンダハールは独立を宣言し、1709年にはギルザインの指導者でスンニ派のイスラム教徒であるミール・ヴァイスがカンダハで派遣されたペルシア軍を破り、アヘン貿易をイギリスの手に収めた。

1715年、Mir AbdullahがMir Vaisの後を継いだが、ペルシャと和平を結ぼうとして捕まり、1717年に倒された。その後、激しい対立の時代が続き、アフガニスタンによるペルシャ侵攻があった。

1763年、ティムールの息子ザマーン・シャーが政権を握ったが、統一どころか、全面的かつ絶え間ない部族間の対立と激しい戦いが繰り広げられた。父は気弱な支配者で、1793年から1799年の戦いでシーク教徒に奪われたパンジャーブなどの領土がインドに奪われるのを防ぐことができなかった。

1799年、BEICの使者がカンダハールに到着し、統治者シャー・シュジャに会うようになった。1809年、シャー・シュジャの生前、BEICは彼と協定を結び、特にペルシャとインドからの「外国人」撃退に協力することになった。1818年、マフムド・シャーは国を掌握し、当時広大なケシ畑という「農業の拡大」を担っていたBEICとの関係強化に乗り出す。1816年、ペルシャ人が侵入してきたが、BEICの腹心であった軍人パス・オール・カーンによって退却させられ、その際、ペルシャ人は莫大な報酬を得た。

1818年、ポピーの栽培とBEICへの生アヘン販売による収入に対して、部族が反乱を起こした。その結果、アフガニスタンはカブール、カンダハ、ガズニなどの部族の飛び地に分断されてしまったのです。インドがアフガニスタンからカシミール地方を奪ったのは、この分裂の時

期である。1819年、部族間の争いを経て、ドスト・モハメッドはカブールを占領し、ガズニとカンダハールの支配者となった。BEIC政権下で盛んに行われていたアヘン貿易で利益を得るチャンスと考えたペルシアは、1837年にヘラートを攻撃し、1838年7月まで続いた部族紛争が勃発したのである。この紛争の原因は、イギリスの手にしっかりと握られていたアヘン貿易であった。それでも解決策を模索するイギリス政府は、ランジット・シン、シャー・スージと協定を結び、BEICの支援のもと、シャー・スージの王位を回復することで、部族を統一し、ペルシャを事実上封鎖することに成功した。しかし、イギリスが知らないうちに、ドスト・モハメッドはアヘン貿易に従事し、BEICの外で取引することで富を築いていた。

1839年、インドに駐留していたイギリス軍が第一次アフガン戦争でアフガニスタンに進駐した。彼らはドスト・モハメドを退位させ、インドに追放した。彼の財産はBEICに押収され、イギリス軍は主要な町や都市を支配下に置いたが、すぐにどちらの同盟からもとらえどころのない部族の勢力を相手にしていることに気づいた。

この間、ケシの栽培を妨げるものは何もなく、大量の生のアヘンがアフガニスタンから、のちにパキスタンとなる国を経由して出荷された。この間、会社は現地の部族をコントロールし、有利な投資案件を確実に保護する方法を知っていたため、莫大な利益を上げることができたのである。ロンドンの下院では、アフガニスタンのような荒涼とした国に、大きな理由もないのに、なぜイギリス軍が派遣されているのか、という疑問が投げかけられた。BEICが毎年巨額の利益を上げていることを、貧しい国会議員たちは知る由もなかった。イギリスは、中国の「軍閥」（実際は中国政府の通関業者）との戦いを宣伝する一方で、アフガニスタンでの戦争は秘密にしていた。

ドスト・モハメッドの部族がイギリスに対して戦争を始めたとき、イギリスの新聞は、そのことをまったく触れずに、「部族の小競り合い」として受け流してしまったのである。カンダハールに向かったイギリス軍はドスト・モハメッド軍の攻撃を受け、撃退され、指導者は捕虜となりインドに流刑となった。

1842年、サー・アレクサンダー・バーンズはシャー・シュジャを再び王位に就かせた。ロンドンはこの行動で部族をなだめようと考えたが、かえって大きな動揺を招き、アレキサンダー卿とウィリアム・マクノートン卿という英国使節が殺害されるに至った。これを合図に、オークランド公はイギリス支配に対する総反乱を起こし、イギリス軍とセポイの兵士1万6千人を送り込み、カブールを占領した。しかし、反乱の勢いは強く、イギリス軍はカブールからカンダハールに撤退せざるを得なくなった。しかし、その帰り道、イギリス軍は3,000人の部族民の待ち伏せにあい、多くの犠牲者を出してしまった。部族民がイギリスの傀儡とみなしていたシャー・シュジャも殺された。

その後、アフガニスタン人がアヘンケシ畑を支配し、様々な軍閥がアヘンの国外へのルートを支配するようになった。さらに、インドを通過するBEICのキャラバン隊に貢物を要求するようになった。

生アヘンを積んだ荷馬車のキャラバンは、貢ぎ物が支払われないと襲われ、アヘンを盗まれ、軍閥によって多くの人が殺された。ラドヤード・キップリングがカイバル峠のルートを守るイギリス軍の勇敢な物語を書いたのは、このようなエピソードがあったからである。一般のイギリス市民は、こうした勇ましい話に熱狂した。神、女王、国」とは何の関係もない、数十億ドルの私企業の名の下に、英国兵士が犠牲になっていることを、彼らは知らなかったのだ。

この時期、軍閥はドスト・モハメッドの息子であるアクバル・カーンの指導のもと、緩やかに連携していた。

1842年、インドからサー・ジョージ・ポロックが率いるイギリス軍部隊が到着し、カブールを奪還した。イギリス軍に多大な犠牲を強いた攻撃への関与が疑われる数百人の部族民が即座に処刑される。ドルスト・モハメッドはサー・ジョージによって再び王座につく。彼は直ちにアヘン部族の討伐に着手し、BEICのケシ畑を占拠した者たちを処罰した。

その「崇高な」働きにより、1855年3月30日、イギリス政府はモハメッドとペシャワール条約を結び、カンダハルとカブールを支配できるようになったが、ペルシャ人がBEICから奪ったヘラートの重要なヘルメット阿片ケシ畑は支配できないようにした。にもかかわらず、アフガニスタンのBEICが生産する生アヘンの取引は、ガンジス川流域やベナレスに匹敵するほど盛んに行われるようになった。

そして、イギリスはペルシャに宣戦布告した。無邪気なイギリス国民は、この戦争はペルシャがイギリスの植民地を奪おうとしているからだと聞かされていた。1857年、ペルシャは敗北し、パリで調印された条約によって和平を選択した。条約では、アフガニスタンの「独立」を認め、領土に対するすべての権利を放棄した。イギリスの傀儡であるドスト・モハメッドがヘラートの支配下に置かれたが、その後5年間は部族間の対立で混乱が続き、ドストがイギリスの支配下に置くことに成功したのは1863年のことであった。イギリスがアフガニスタンで学んだことといえば、これだ。すべての派閥が合意するまで、決して地域を支配するふりをしないでください。ヘラートはその良い例です。この地域のある部族の支配力を緩めるには、10カ月に及ぶ包囲が必要だった。しかし、1870年にドストが死去すると、ドストの弟であるシェル・ア

リが継承権を主張し、ヘラートは内戦状態に陥った。部族間の合意を得られないアリは、英国への信頼を失ったロシアに助けを求め、1878年6月、ストリエトフ将軍率いるロシアの使節団がカブールに到着した。BEICは直ちに警告を発し、シャー・オールは英国使節団のカウンターオファーを拒否したため、再び両者は戦争状態に陥った。戦争は1年続き（1878〜1879年）、その間にシャー・アリは殺された。ロシアがアフガニスタンとの有利なアヘン貿易をやめるかもしれないと深く憂慮したイギリス軍は、シャー・アリの息子で傀儡のヤクブの指揮の下、全地域に侵攻したのです。その後、イギリス軍は分散し、全土を守備につけた。この時、イギリスが年間7万5千ドルの「保護費」を支払うことで、アヘンキャラバンのカイバル峠の安全な通行を確保するという条約が結ばれ、イギリス軍が駐屯して協定の履行に当たっていたのである。

もちろん、ラドヤード・キップリングは、輸送船団がなぜ女王陛下の軍隊によって守られていたのかについては何も語っていない。もし、軍隊の本当の任務が明らかになれば、大混乱に陥ったに違いない。

カブールでの任務が完全に成功したと思い込んでいたイギリス軍は、ケシ畑への襲撃やカイバル峠を通る輸送船団への攻撃がなくなったため、警戒を緩め始めたのだ。しかし、その背景には、ロンドンにとって不本意な事態が潜んでいた。1879年9月3日、ルイ・カヴァナーリ卿（ヴェネツィアの旧黒人貴族の末裔）が護衛とともに暗殺され、再び戦争に突入してしまった。ヤクブは、英国に隠れて反乱軍と共謀した罪に問われ、1879年10月19日に退位させられた。

1880年、イギリスが南アフリカのボーア共和国から膨大な金資源を奪うために戦争の準備をしていたとき、アフガニスタンの新しい支配者、アブド・アル・ラフマンが

登場した。イギリスは、この新しい人物が平和を維持し、絶えず争う部族に自分の権威を押し付けることに成功したことを喜んだ。

この比較的安定した時期に、大量の良質な原料アヘンが国外に流出し、BEICの倉庫に流れ着いた。この間（1880〜1891年）、BEICの金庫には数十億ポンドが入り、1899年に勃発したアングロ・ボエロ戦争の10倍の戦費に相当する額だったと言われている。また、アフガニスタンに足場を築き、国境の緩衝材にしようとしたロシアからの干渉も大きかった。ロシアはアヘン貿易には興味がなく、領土の緩衝材を手に入れることだけを考えていた。そして、5年間にわたるイギリスとの深刻な問題を経て、ついに両国は、ロシアがアフガニスタン問題に関与しないことで合意したのである。

アフガニスタンは激動の歴史の中で、欧米の消費者が求める最高品質の生アヘンを生産し続け、その貨物は主にパキスタンを経由して運ばれていた。したがって、アフガニスタンにおけるアヘンの歴史は、パキスタンにおけるアヘン貿易の歴史と、沿岸部や中東、西ヨーロッパへの中継ルートと密接に結びついている。

BEICは最盛期にはアフガニスタンから年間4,000トンものアヘンを受け入れていた。この巨大な生産物の1年間（1801年）の推定価格は5億ドルで、当時としては途方もない巨額なものであった。アヘンの多くはカイバル峠を越えてインド（現在のパキスタン）に渡り、荒涼としたマクラ海岸に下りて、アラブのダウ船に拾われドバイに運ばれ、そこで金で支払われたのだ。この取引では、紙幣は使用できません。この取引の結果、ドバイには金を扱う銀行が25行もあり、その中でも中東の英国銀行はアヘンのための金取引で最も重要な存在となっている。アフガニスタンのイスラム教徒は、中国の労働者階級と違って、アヘンを消費しないので、アヘン中毒になることもな

い。ケシを栽培し、アヘンの樹液を採取し、生のアヘン
に加工し、それを販売することに喜びを感じていたので
ある。こうしてアフガニスタンは、やがて中国を襲うこ
とになるアヘン中毒の惨禍を免れたのである。当時も今
も、ポピーの栽培と貴重な樹液の採取は、アフガニスタ
ンの男性人口の主要な職業である。

秘密は慎重に守られ、現状が優勢である限り、それは時
代の終わりまで続くのです。ポピーの苗から花を咲かせ
るまでの畑を見たことがある。そして、さやの中で樹液
が上がってくると、カミソリで切り、そこからゴムのよ
うな樹脂が流れ出し、固まる様子を見たことがある。ま
た、ケシ栽培を抑制・削減する試みがなされていないこ
とも分かりました。私は、アフガニスタンで外国勢力に
よってどのような体制が敷かれていたかを詳しく説明し
、読者が当時とほとんど変わっていないことを理解でき
るように努めた。米国は、侵略と爆撃によって国を服従
させたと信じているが、悲しいことにそれは間違いであ
る。アフガニスタンは、アヘンを手に入れようとする軍
閥や対立する派閥の国であり、混乱した忠誠心と激しい
対立の図式がある。これは、米国とその同盟国は決して
倒すことができない。

タリバン-
ロシアが国を乗っ取るのを防ぐための対抗勢力として中
央情報局（CIA）によって作られ、武装し、指示された-
は今や敵である！タリバンが政権を握ったとき、彼らはあ
ざ笑い、嘲り、軽蔑されたが、すぐに自己主張し、ロシ
アを破った後、恩人であるアメリカに牙をむき、ケシの
栽培と生のアヘンの輸出の停止を命じた。何キロも続く
ケシ畑は、アヘンの在庫と一緒に焼かれた。突然、ロン
ドン・シティやウォール街の麻薬王が大きな収入減に見
舞われ、状況を根本的に変えなければならなくなったの
だ。

世界貿易センタービルのテロがどのようにして起こった
のか、私にははっきりとしたことは言えないが、私が知っているのは、2001年9月11日の惨事がなければ、アメリカ国民は米軍によるアフガニスタン侵攻を受け入れることはなかっただろう、ということで、9月11日の惨事が「でっち上げ」であったことが歴史によって明らかになる可能性は高いのである。ドバイの銀行や米英のアヘン商人を困らせたが、タリバンは欧米にアヘンを売っていたバラザイ氏率いる軍閥を排除し、その大半はパキスタンや国内の山岳地帯に逃亡していった。アヘン取引は停止した。タリバンは、ポピーを栽培したり、アヘンを取引したりする者は射殺するとの法令を可決した。アヘン軍閥は犯罪者の手下を連れて散り散りになった。

これは、ウェストミンスターとニューヨークで警鐘を鳴らすことになった。ドバイでは、アヘン貿易を担っていた90の銀行が破滅を目の前にしていた。何かしなければならない、そう思っていた。アメリカは、その前のイギリス、ロシア、ペルシャと同じように、アフガニスタンと戦争をしたのです。戦争の目的は、「タリバンとその配下のアルカイダ・テロリストを根絶やしにすること」だと言われている。巨大な爆撃機部隊が24時間体制で飛び回り、ロシアとの戦争でカンダハルに残されたわずかな建物は、印象的な瓦礫の山と化したのである。ラムズフェルド、ウォルフォウィッツ、チェイニー、ペールといった戦争タカ派はほくそ笑んでいる。国内では、ニューヨークの新聞が、アメリカがアフガニスタンで「勝った」と大々的に報じている。アメリカ国民は、戦争が始まったばかりであることを知る由もなかった。米軍は何十年もアフガニスタンに留まり、アヘン党派を離間させ、昔の貿易ルートを通じてアヘンが円滑に流れるようにしなければならない。パキスタンの軍部は、これまでと同じようにアフガニスタンから流れ出るコカインで大きな利益を得るだろう。そのため、ペルベス・ムシャラフ

が「テロとの戦いにおける同盟者」として選ばれたのである。

タリバンが崩壊し、バラクザイ一族による支配が再開されたアフガニスタンでは、アヘン取引が盛んであり、新政府がこれを阻止するか、少なくとも削減しようとするかは不明である。あえて言えば、アメリカの押し付ける体制のもとでは、アヘン貿易は以前の生産量に戻るだけでなく、実際に生のアヘンの生産量が増加するのではないか、ということである。国務省は、国際的な麻薬取引に関する年次報告書の中で、2005年に米軍によって政権から追放されたタリバンが、彼らの支配する地域ではアヘンケシの栽培を事実上排除したと述べている。

世界のアヘン生産量は2000年の約3656トンから2001年には約74トンに激減したが、そのほとんどをアフガニスタンの北部同盟（タリバンとの戦争でワシントンの同盟国）が保有する地域で生産していたのである。私たちの「麻薬との戦い」は、連邦準備銀行の偽札と同じように偽物だということを、身をもって証明している。タリバンがアヘン作物と在庫を破壊している間、CIAは「同盟者」である「軍閥」、つまり無節操で殺人的なギャングの集まりに、心配しないで、彼らはすぐに権力を取り戻すと保証した。麻薬取締局（DEA）は、この害虫の一団を潰すのに絶好の機会があったのに、踏み込もうとしなかったのである。それどころか、アメリカは麻薬密売人の凶悪犯を保護したのである。アフガニスタンは、伝統的にインドと並ぶ世界有数のアヘン生産国で、タリバンの禁止令により2008年には生産量トップの座を奪還している。

アヘンは、アヘン剤であるヘロインやモルヒネの原料であり、アフガニスタンはこれらの薬物を地域だけでなく、西欧や米国にも主に供給してきたのである。米国の最近の報告書によると、アフガニスタンではタリバン崩壊

後にケシの栽培が広範囲に再開され、米軍が大規模に駐留しているにもかかわらず、麻薬密売人は依然として活発な活動を続けているという。カブールの暫定権力者、チェイニー、ラムズフェルド、ウォルフォウィッツの米国が支援する傀儡、ハミド・カルザイ（バラクザイ）は、アヘン栽培の禁止を自ら発表したものの、その禁止は首都よりはるかに大きく、書かれた紙ほどの価値はないものだった。もし、カルザイ氏がその命令を実行しようとしたら、ある朝、耳から耳まで喉を切り裂かれた状態で発見されたことだろう。売人は、自分たちの儲かる商売の邪魔をするために、彼を生かしておくことは決して許さなかっただろう。

報告書にはこう書かれています。

当局には禁止令を執行する能力がなく、地元のパワーセンターやドナーコミュニティと協力して、禁止令が実際に執行されるようにしなければならない」。国際社会の働きかけや資金援助だけで、アフガニスタンのケシ栽培がすぐになくなるとは思えないが......。敵対関係の後、実際にその地域を支配する派閥は様々です。各派閥が暫定自治政府のケシ栽培禁止令を尊重するかどうかは定かでない。"

まったくナンセンスな話だ。

そして、米軍をバックにした大量の麻薬取締官で取り締まるのはいかがなものか。アメリカ人が世界で最も騙されやすいと管制官が考えていることは知っているが、このようなナンセンスなことを国民に押し付けて、それが信じられると考えるのは説明不可能である。カルザイ政権を支配する北部同盟は、支配地域の麻薬に対して何の行動も起こしていないようだ。国連はまた、北部同盟の支配地域で農民がアヘンの二次収穫をしていることを繰り返し報告している、と報告書は続ける。

このようなあからさまなナンセンスを信じろと言う人々

の大胆さが信じられますか？"登場しない"？タリバンがこの惨劇を根絶するために全力を尽くしていたにもかかわらず、ワシントンは「同盟国」がポピーを栽培していることを知っていただけでなく、タリバンとの戦争で「同盟国」である限り、誰もその取引を妨害しないと保証したのである。そしてワシントンは、彼らの致命的な貿易をそのままにして、アフガニスタン全土を相手に戦争ができるように武装し訓練したのです。これが、アフガニスタン戦争の背景にある本当の事実です。

米国は、米国、ロシア、アフガニスタンの6つの近隣諸国からなる6プラス2グループを通じて、アフガニスタンのアヘンを国外に出さないようにする地域的努力に期待をかけている。これも見せかけです。アフガンのアヘン売買を止めるために、何もしていないし、これからも何もしないだろう。もし、この方向に真剣に取り組もうとするならば、パキスタンの指導者であるペルベス・ムシャラフ将軍は投げ出されるでしょう。パキスタンの支配層の半分は、ヨーロッパやアメリカへ向かう途中にパキスタンを通過する、儲かるアヘン貿易の通行料に完全に依存しているのだ。一方、ヘルマンド州での麻薬取引は、暫定当局や国際社会のあらゆる努力にもかかわらず、今後も続くだろう、と国務省の報告書は付け加えている。

アフガニスタンのタリバン指導者がアヘン取引に関与していたという証拠は全くなく、麻薬がオサマ・ビン・ラディンのアルカイダ・ネットワークの主要な資金源であったという事実もない。私たちは既知の記録をすべて調査しましたが、そのような証拠は見つかりませんでした。私たちは、国務省の主張をプロパガンダ、純粋かつ単純なものとして拒否します。しかし、アフガニスタンを拠点とするアルカイダ・ネットワークは、タリバンが人身売買に関与することで間接的に利益を得ていると当局者は述べており、9月11日のテロ事件以降、米国から圧力を受ける中で、人身売買業者との関係がより密接になっ

ているのではないかと懸念しているのです。その根拠は
どこにあるのでしょうか？疑惑は証拠にはならないし、
今のところ証拠も提示されていない。これは、タリバン
の宗教的信念に疑問を投げかけるプロパガンダです。

> 「資金源を必要とするテロ組織が、資金を生み出す麻薬
> 組織と地理的に隣接している場合、両者の結びつきが強
> くなる可能性があるのは明らかです。

と、下院政府改革小委員会（刑事司法・薬物政策・人事
）で元DEAチーフのAsa
Hutchinson氏は述べた。さて、ハッチンソンの任命は政治
的なものであり、彼はクリントン弾劾の過程で役割を果
たしたために議席を失う前に下院で過ごしたので、麻薬
取引についてほとんど何も知らないということです。

米国当局は、アヘン密売が同国の大部分を支配するイス
ラム強硬派民兵組織タリバンの主要な資金源になってい
ると述べている。ハッチンソンと国務省の麻薬対策担当
官ウィリアム・バッハは、タリバンの警備員が現金の代
わりに生のアヘンを受け取ることがあると述べた。

この哀れな声明は、「北部同盟」の悪党の口から直接出
たものだ。彼らは、もし真実を語れば、ワシントンでの
好意的な地位を失うことになるため、真実を語れないの
だ。ここにも「珠玉」があります。

> "米軍のテロ報復を見越して、タリバンは株を売っている
> ようです。この地域のアヘン価格は、テロの直後、1キロ
> グラムあたり746ドルから95ドルにまで急落した。その後
> 、429ドルまで回復しています。"

タリバンが武器を必要としていると言った以上、それを
得るための最も直接的な手段を「諦める」ことはないだ
ろうと考えるだろう。いずれにせよ、タリバンがアヘン
を取引していたという証拠はない。誘惑に負けた者は、
彼らの宗教的な掟によって、即座に裁判にかけられ、処

刑されることになっただろう。1790年代後半、アフガニスタンはヘロインの原料となるアヘンの世界最大の生産地となった。ピーク時にはBEICの収入の70%以上を占め、その名声は2度の世界大戦を経て1990年代後半まで保たれた。

タリバンは政権を握ると、宗教上の理由からアヘン栽培の停止を命じた。国際監視団は、タリバンが支配する地域ではアヘン生産が事実上一掃され、わずかに残ったアヘンは、ドナルド・ラムズフェルド前国防長官の保護下にある悪党、麻薬商人、殺人者の集団であるいわゆる反対派「北部同盟」が保有する土地で栽培されていることを確認している。

説明する必要があることがたくさんあるのでは？そして、米国が麻薬取引に直接関与するのは、今回が初めてではない。ベトナム、レバノン、メキシコ、パキスタン、そして今回のアフガニスタンで、私たちはそれを見てきました。しかし、米国当局は、タリバンが以前からの大量のアヘン在庫をなくしたり、密売人を逮捕したりしなかったため、禁止令は密売にほとんど影響を与えなかったと言う。真実は何なのか？国務省と新しいDEAのボスは、タリバンが膨大なアヘンの在庫を「処分した」と言い、同時に私たちはタリバンがそんなことはしていないと信じろという。そのため、「清算」する必要はなかったのです。パキスタンの麻薬王（軍を含む）は、タリバンから生のアヘンを1キロ残らずフルプライスで買っていただろう。

この話はくだらない。タリバンは、ドナルド・ラムズフェルドが納税者の好意で戦車や大砲、近代的な軍隊の装備で武装したため、侵入することができなかったのです。インディアナ州選出のマーク・サウダー小委員長は、タリバン禁止令を「大きな間違いだ」と指摘した。

　「アヘンやヘロインの世界市場価格をコントロールする

ために、冷徹に計算された策略 "である。

盲人が盲人を導くようなものである。ハッチンソンより
サウダーの方がやばそうだな。なぜ真実を語らず、アメ
リカ国民に判断を委ねるのか？なぜ嘘をつき、難読化す
るのか？「米国当局は、アヘンはタリバンに年間5千万ド
ルもの利益をもたらすと推定している」とハッチンソン
とバッハは言う。アルカイダはタリバンに保護されてい
るため、間接的に利益を得ている。

しかし、バッハは麻薬密売は「アルカイダの主要な資源
ではないようだ」と述べ、サウダーは、アフガンのアヘ
ン取引はほとんど米国に入ってこないので、米国当局は
ほとんど注意を払っていないと指摘した。

> 国境をほとんど越えていないアフガニスタンの麻薬取引
> は、地球の裏側からアメリカの街に流れ着いた麻薬と同
> じだけのダメージを我が国に与えているのです」。"

もし、平均的なアメリカ人がこれらの矛盾した発言を理
解できるとしたら、私たちはとても驚くことでしょう。
しかし、それを理解できるかどうかは別として、これは
、繰り返すが、純粋な二枚舌である。今一度、ご検討を
お願いします。

> ➢ タリバンはアヘンの在庫のほとんどを「売り払
>   った」と聞いています。

> ➢ タリバンはアヘンによる収入を必要としていた
>   と聞いています。

> ➢ タリバンはアヘン収入で年間5千万ドルを受け取
>   っていたと聞いています。

> ➢ タリバンは膨大な備蓄を「捨てた」と聞いてい
>   る。5,000万ドルは「捨てられた」のか？なぜ、5
>   ,000万ドルを「捨て」たいと思うのか？

> ➢ これまでDEAは、世界の主要な生アヘン供給国

にはほとんど関心を示さなかったと聞いている
。これって、意味があるんでしょうか？もし、D
EAがアフガニスタンから流出するアヘンに注意
を払わなかったとしたら、それは職務怠慢の罪
である。

> DEAが任務に失敗しているのは、アメリカに入
  ってくるアヘンが少ないからだと言われている
  んです

この人たちを信じられるか？彼らは、アメリカ国民が世
界で最も愚かな国民だと思っているに違いない。9月11日
のニューヨークとワシントンでの同時多発テロの後、アフ
ガニスタンは世界の注目の的となった。米国主導の「
対テロ同盟」はアフガニスタンを空爆し、アルカイダの
構成員は国外に逃亡した。アフガニスタンでのアヘンの
不法栽培は、プロパガンダ戦争の一環となった。ヘロイ
ン取引は、オサマ・ビンラディンのネットワークの主要
な供給源として繰り返し引用されている。しかし、なぜ
か私たちは、ビンラディンが逃亡し、今もアフガニスタ
ンで逃亡を続け、欧米に対するテロを指揮していると思
い込まされているのだ。私たちは、これは非常に懐疑的
な見方であると思います。

> 「タリバンが今購入している武器は、イギリスのストリ
  ートで麻薬を買うイギリスの若者の命で賄われているの
  です。これもまた、我々が破壊を求めなければならない
  彼らの体制の一部なのです。

と、トニー・ブレア元英国首相は言った。

彼の発言は、アフガニスタンのアヘン経済に関する実情
を誤って伝えている例である。現実には、犯罪的なアヘ
ン経済からますます利益を得ているのは、アフガニスタ
ンにおけるブレア氏の同盟者である「北部同盟」である
。タリバンがアヘンを売買しているという証拠はない。

ブレア元首相がアフガニスタンに英国軍を駐留させていた頃、ケシ畑の撲滅、調査活動、アヘンの原資の破壊を行う時間が十分にあった。ブレア氏はなぜ、部隊にこれらの措置をとるよう命じなかったのだろうか。ケシの栽培者を無力化し、密売人を逮捕し、その在庫を処分する絶好の機会だったのだ。しかし、どうやらブレア氏は、自分の行動よりも言葉の方が強いと思ったようだ。これを「プロパガンダ」と言います。ブレアはサウダーとハッチンソンが何を言ったか知っているはずです。イギリスの若いヘロイン中毒者が死んでも、アメリカには関係ないことだからと気にしないらしい。IQレベルを失う危険を冒しても、このようなものを信じてください。

1996年にタリバンがカブールで権力を握ったとき、彼らは$18^{ème}$ - $19^{ème}$世紀後半からアフガニスタンを世界最大のアヘン生産国に変貌させた状況をそのまま受け継いだのである。1994年から1998年にかけてのアヘン生産量は、原料の合計で年間2,000〜3,000トンに上った。この生産物のほとんどはインド（後にパキスタン）を経由し、当初はラドヤード・キップリングの勇敢な物語に不滅の名を残すイギリス軍の優秀な兵士たちの監督の下で行われた。その後、この貿易で儲かる収入を見守ったのは、パキスタン軍の将軍たちであった。アヘンはドバイで金と交換された後、生のアヘンはトルコやフランスでヘロインやモルヒネに精製された。アフガニスタンで処理されたアヘンはごく一部だった。それまでの記録は1999年と2000年にすべて更新され、アフガニスタンのアヘン生産量は4,500トンに達した。

ブッシュ政権は、2000年7月27日に「...長年の国際的圧力の末、タリバンの指導者ムラー・オマルは次のシーズンのアヘン栽培の全面禁止を発表した」と信じ込ませている。ということはありません。タリバンは政権を握るとすぐにアヘンケシの栽培と生アヘンの生産を禁止した。

地球規模の圧力は関係ない。

世界的な圧力」がタリバンが取引を禁止した理由なら、なぜタリバンが政権を取る前は何の効果もなかったのだろう。タリバンが支配する地域では栽培が衰退し、「北部同盟」が支配する地域では盛んになった。ビンラディンネットワークとの戦いにおけるアメリカの大規模な空爆作戦による米軍の急速な進攻と、「北部同盟」のギャングによるカブールの買収は、アヘン経済に終止符を打つことはできなかった。アメリカやイギリスの同盟国がケシの主な栽培地を支配するようになったものの、アヘン経済が復活したのだ。アフガニスタンが国連国際薬物統制計画（UNDCP）の焦点となったのは、タリバンが登場する20年前に、同国が世界最大のアヘン生産地となったことが明らかになったからである。アフガニスタンへの不正なアヘンの流入を食い止めるためのUNDCPのプロジェクトは、測定可能な効果を上げていない。アフガニスタンにおけるいわゆる「アヘン戦争」では、主要な栽培地域はいわゆる「北部同盟」の支配下にあった。北部同盟は、ラムズフェルドが山賊と凶悪犯からなる真の構成を隠すために作った名前である。

1994年以降、ケシ栽培とアヘン生産の可能性に関する数値は、UNDCP作物監視プログラムの年次アヘンケシ調査が最も信頼できる情報源となっている。2008年10月に発表された最新のものでは、アヘンケシ栽培の劇的な減少を詳細に、すなわちタリバン支配後に確認することができた。それ以前に、「世界的な圧力」は、後にラムズフェルドのいわゆる「北部同盟」に参加することになるアヘン領主には何の影響も与えなかった。

アフガニスタンの複雑なアヘン経済を理解するためには、裏方のコントローラーの詳細は分からないにしても、UNDCPの政策研究シリーズはかなり有用である。アフガニスタンにおけるケシ畑の拡大とその背景、小規模農家や

戦争難民の生計戦略における信用源としてのアヘンの役割、アヘン経済における女性の役割、BEICが数十億ポンドを稼ぎ、パキスタン軍司令官などアヘンを流通させる人々が今もかなりの富を得ている不法取引の背後にある農村の力学などを記録している。国連薬物審議会計画（UNDCP）の調査課長Sandeep Chawla氏の監修による「世界の不正薬物動向」最新号（2008年）には、アフガニスタン特集が組まれ、アフガニスタンが世界最大のアヘン供給国となった経緯を説明し、初期からのアヘン経済の動向について有益だが限定的に紹介されている。

拙著『300人委員会の歴史』（[2]）では、この巨大グループが、英国政府が中国人民に課したアヘン貿易の悲惨な状況から、いかにして大金を得ることができたかを詳しく説明した。本書は、1980年代のソ連占領に対する聖戦の際に、CIAやパキスタンの情報機関ISIによって認可された取引など、この地域の悪名高いアヘン取引とヘロイン密輸の歴史を詳細に説明している。犯罪化したアフガニスタン経済に関する数多くの「確立」レポートがあり、その多くは1989年前後の20年間の密輸傾向の説明に費やされ、アヘン密輸は比較的新しいものであるという印象を与えようとしている。

その多くは、アヘン取引とそれに関連する違法行為の「開始時期」として1987年から1989年に言及しているが、大英博物館やインド・ハウスで見つかった資料では、ヘロインやモルヒネの違法取引は英国人のアフガニスタン到着とともに始まったことが示されている。インド（後のパキスタン）は、1868年に英国統治下で始まり、今日まで続いているこの犯罪取引に深く関わっていたのだ。

---

[2] *陰謀者たちの階層、300人委員会の歴史*、オムニア・ヴェリタス社、www.omnia-veritas.com。

設立報道の水掛け論の例として、次の文章が引用されている。

> アフガニスタンは世界最大のアヘン生産国となり、武器密売の中心地となっただけでなく、ドバイからパキスタンへの数十億ドル規模の密輸入を支えているのである。この犯罪化した経済が、タリバンとその敵の両方に資金を供給しているのです。それは、地域全体の関係を一変させ、国家と法的経済を弱体化させた。永続的な平和には、戦闘の終結と政治的解決だけでなく、代替的な生活とエンパワーメントを通じた地域経済の変革が必要である。

一見すると、報告書の内容はすべてトンチンカンなもので、誰も特定できない。しかし、その目的は可能なように思える。現実には、1625年からアヘンがアフガニスタンとパキスタン（かつてインドだった部分）を支配しており、それは何も変わらないのだが。米国とそのいわゆる「北部同盟」のパートナーは、ドバイに拠点を置く23以上の英国の銀行がその利益と存在そのものを依存しているこの有利な貿易を止めることは何もせず、その利益はロンドンのシティの銀行に流れている。このスーパーバンクが、自分たちの金儲けマシーンを邪魔する者を許すとは、なんと素朴なことだろう。

ロンドンのインディア・ハウスに保管されていたイギリス東インド会社の文書（謎の破壊が行われる前）には、アフガニスタンのアヘン取引に関する独自の情報があり、北からアフガニスタン、パキスタン、ドバイまでの密売ルートが詳細に記されていた。この取引は、BEICの時点では決して「犯罪取引」とはみなされていなかった。この文書に書かれている「犯罪行為」は、カイバル峠でアヘンラバ列車をハイジャックしようとした盗賊が、イギリス軍の精鋭部隊に撃退されたことだけである。アフガニスタンに関するアメリカの数字は、過去20年間、不正確で非常に政治的なものであった。興味深いのは、今

回の声明でDEAは、少なくとも数年前までは著しく過大評価されていると考えていたUNDCPの数字を、初めてほぼ独占的に使用していることである。

なぜなんだろう？タリバンの信用を失墜させ、「テロとの戦い」を「麻薬との戦い」と統合する米国の策略の一部として、統計を引用することは政治的に好都合である。現実にはどちらも存在しないが、権利章典に明白に違反する強権的で完全に違憲な「法律」の言い訳を提供するために、見せかけを維持する必要がある。だからビン・ラディンが見つからないんだ。もしそうすれば、突然タリバンがいなくなり、「テロとの戦い」を続ける理由もなくなるだろう。タリバンがいなくなったアフガニスタンやパキスタンでは、アヘン農家にとって収穫期は非日常である。この地域は、今や東南アジアと並ぶ世界最大のアヘンケシ由来の麻薬「ヘロイン」の供給地である。

G.W.ブッシュ政権は、アフガニスタンのアヘン作物の破壊を行わないことを決定した。不思議なことに、これまでアフガニスタンの麻薬取引をテロと直結させていたブッシュ大統領が、突然アフガニスタンのアヘン作物を駆逐しないことにした。アフガニスタンから帰国したアメリカの情報機関関係者が、ヨーロッパのニュース雑誌にそう報告した。この関係者は、アヘンケシ畑が満開で収穫の時期を迎えていることを指摘し、名乗りを上げなかった。米軍は空中散布の技術を使って作物を破壊することができるが、そのような行動は予定されていない。熟したケシの芽に火炎放射器が向けられることもなく、部隊が苗を切り取って燃やした形跡もない。実際、ケシ畑では、誰にも邪魔されないことを農家の人たちは知っているので、すべてが平和なのです。彼らも遠い国の「テロ」には関心がない。しかし、米国のアヘンケシ畑破壊の禁止に深く関心を持つ情報将校もいる。

2002年1月の国連の麻薬取引に関する報告書にはこう書かれている。

> 推定3,000トンのアヘンが市場に出回れば、国際テロがさらに増加し、ブッシュ政権の国際的信用が大きく失われ、21$^{ème}$
> 世紀の米国の戦争遂行能力も失われることになるだろう。中国、北朝鮮、イランに至るまで、世界中のアメリカの敵は、この戦略的ビジョンと政治的意志の欠如によって強化されることになる。米国とその同盟国は、アヘン販売に関する世界的な禁止令に署名している。2002年1月、国連はアフガニスタンのアヘン生産に関する報告書を発表し、春先までに2002年のアヘンケシを破棄するために、同盟軍が迅速に行動しなければならないことを強調した。米軍と英軍はそのような行動をとっていない。

アフガニスタンでのアヘンケシ栽培と密売の禁止がもたらす世界的な意義は非常に大きい。アフガニスタンは、2000年の世界の不正アヘン生産の70%、ヨーロッパの麻薬市場のヘロインの90%がアフガニスタンで生産されたもので、不正アヘンの主な供給源となっている。2001年のタリバンによる栽培禁止措置が有効に実施された後、一部の地域（南部のウルズガン、ヘルマンド、ナンガルハル、カンダハルなど）で、法秩序の崩壊だけでなく、農民が長引く干ばつを乗り切るために必死になっているため、2001年10月からアヘンケシの栽培が再開されているという確実な指摘がなされている。

情報筋によると、CIAはアフガニスタンのケシ栽培の破壊に反対しており、それはパキスタン政府の転覆につながるからだそうだ。これらの情報筋によると、パキスタンの情報機関は、もしムシャラフ大統領がこの作物の破壊を命じれば、ムシャラフ大統領を転覆させると脅しているという。パキスタンの歴史は、これが単なる脅しではないことを示唆している。パキスタンの前大統領A.H.ブットは、貿易を止めようとした罪で司法的に絞首刑にさ

れ、後継者のジア・ウル・ハク将軍は、ロンドン・シティの銀行宛ての金をくすねた後、非常に謎めいた飛行機事故で死亡しました。ムシャラフ大統領打倒の脅威は、パキスタンのサービス間情報局（ISI）とつながりのあるイスラム過激派グループによって動機づけられている部分もある。過激派グループは、アヘンの生産と取引から主な資金を得ていると言われています。パキスタンの軍部は、これまでと同様、アヘンの流入監視に深く関わっており、この取引の妨害は許さないだろう。パキスタンの情報機関は完全に腐敗しており、不安定で不誠実であることは言うまでもないが、信頼できない。彼らは最も高い入札者に迎合し、宗教的原則をばかにしている。CIAは長年にわたって彼らと手を組んでおり、方針を変えることはないだろう。ブットさんが苦々しく締めくくったように。

> もし彼ら(CIA)がアフガニスタンのアヘン取引撲滅に反対するのであれば、それはCIAが非倫理的な機関であり、憲法で選ばれた政府の方針ではなく、自分たちの方針に従うという信念を永続させることになるだけだろう。この機会を捉えてアフガニスタンのアヘン生産を壊滅させなければ、逆にアヘン生産を止めたタリバンより悪いことになる。

アフガニスタンのアヘン生産を止めないというCIAの判断は、彼らのトップボスである300人委員会が承認したものである。情報筋によると、イギリスとフランス政府は、アメリカの政策に静かに賛同していたという。CIAは国際的な麻薬取引を支援してきた歴史があり、破滅的なベトナム戦争でも同じように行動した。1970年代以降、米国でヘロインの取引が急増したのは、直接的にはCIAに起因するものである。Chou En Laiの有名なエジプト新聞*Al Ahram*とのインタビューは、CIAが長年にわたって世界の麻薬取引に加担してきたという主張を裏付けるものである。情報筋によれば、年間2000ドル、総額2000万ドルを

超えない程度の簡単な補助金をアフガンの農民に直接支払えば、すべてのアヘン生産はなくなるという。アメリカのアフガニスタン戦争はすでに約400億ドルもかかっているが、ケシ畑の撲滅やパキスタンへの原料アヘンの流入阻止には一銭も使われていない（2009年アメリカ国務省の数字）。

違法薬物の販売とテロリズムを結びつけるアメリカの広告キャンペーンに費やされた数百万ドルが嘘だったことが分かり、ブッシュ政権がアフガニスタンのアヘン生産を保護したことが分かった今、アフガニスタン戦争がいかに間違っていたか、そしてなぜアメリカが「テロとの戦いにおける主要な同盟国」としてパキスタンを選択したかがよく分かるようになったのである。アフガニスタンのアヘン生産を終結させれば、「テロとの戦い-麻薬との戦い」のテレビ宣伝に費やした数百万ドルの10分の1もかからない。しかし、「戦争タカ派」のラムズフェルドとブッシュ政権全般がアフガニスタンの麻薬取引に対して行動を起こさない不思議さは、いわゆる「テロとの戦い」がいかに偽善で欠陥のあるものであるかを示すものだ。ビル・オライリーのような話術の達人がテロリストの資金を押収する新たな成功を発表するのを見るたびに、それが300人委員会のドバイ銀行の金庫に流れ込む数十億ドルに比べればバケツの一滴であることを思い出し、アメリカへのヘロインの流入どころか、ロンドンのシティ銀行やオフショア銀行に流れるアフガンの違法アヘンマネーの流れにも少しも変化がないことを知ってほしい。アフガニスタンでの戦争は勝利していない。我々の軍隊は決して帰ってこない。アヘン取引は監視されなければならない。

国連薬物犯罪事務所（UNODC）は、アフガニスタンにおけるアヘンケシ栽培の迅速評価調査を発表しました。ワシントンDCの連邦政府も、アヘン栽培の推進要因に関する年次報告書を発表している。これに対し、イギリスの

キム・ハウエルズ外務大臣は次のように述べた。

> 英国政府は、アフガニスタンから流入するヘロインの量を減らすことを望んでいます。アフガニスタンの麻薬取引の規模は大きく、撲滅のための戦略には時間がかかり、即効性のある解決策はありません。アフガニスタンでのアヘン栽培は、最近のように数量が変動する。

2008年に行われた国連の調査では、今年の作柄の可能性が非常に早く示唆された。生産量が減少した昨年の好結果と比較すると、アフガニスタン31州の大部分で栽培レベルが安定し、13州で栽培が増加、3州で減少していることがわかる。しかし、外務省のために作成された独立したドライバーの報告書が明らかにしているように、全体像はもっと複雑であるため、主要な数字だけに注目するのは誤解を招く恐れがある。全国で農家に影響を与える作物や要因は多岐にわたります。

この調査では、撲滅キャンペーンの実施状況を評価することはなかったが、2009年には撲滅活動がより組織的に行われ、したがって2008年よりも成功するはずだということだけは示されていた。現在のケシ栽培の増加は、貿易との戦いが進展していないことを意味するものではありません。ケシ栽培の撲滅は、アフガニスタンや国際的なケシ栽培撲滅戦略の一部に過ぎない。大規模な押収が行われ、アフガニスタンの警察が訓練され、代替の生計手段が作られ、麻薬対策機関が設立されつつあるのだ。2001年10月にアメリカがアフガニスタンに侵攻して以来、黄金の三日月と呼ばれるアヘンの取引が爆発的に増えている。アメリカのメディアによれば、この儲かる密輸は、「国際社会」に反抗して、タリバンはもちろん、地域の軍閥によって守られているのだそうだ。ヘロインの取引は「タリバンの金庫を満たす」と言われている。アメリカ国務省の言葉を借りれば

> アヘンは、過激派や犯罪集団にとって、文字通り何十億

> ドルもの資金源となっている...。アヘンの供給を減らす
> ことは、安全で安定した民主主義を確立し、世界的なテ
> ロとの戦いに勝利するために不可欠です。
>
> ロバート・チャールズ国務副長官のステートメント、議
> 会公聴会、1$^{er}$ 2004年4月。

国連薬物犯罪事務所（UNODC）によると、2008年のアフ
ガニスタンのアヘン生産量は6,000トン、耕作面積は約8万
ヘクタールと推定されています。国務省によると、2008
年には最大で12万ヘクタールが耕作されていたようです
。大幅な増額に踏み切ることができました。2008年産は
、すでに心配されていた昨年比50〜100%増になるとの観
測もある。タリバン崩壊後のアヘン生産量の増加に対し
て、ブッシュ政権はテロ対策を強化する一方、「封じ込
め作戦」と名付けた麻薬取締局の西アジアでの取り組み
に多額の公的資金を投入している。もちろん、さまざま
な報告書や公式声明には、「国際社会は十分なことをし
ていない」「必要なのは『透明性』だ」という、いつも
の「バランスのとれた」自己批判が混じっている。2001
年10月、国連総会におけるUNODC事務局長の代理人とし
ての発言。

> 見出しは、"麻薬、軍閥、治安の悪さがアフガニスタンの
> 民主化への道を曇らせている "である。

アメリカのメディアは、今は亡き「イスラム強硬派政権
」を非難しているが、タリバンが-国連と協力して-
2000年にケシ栽培の禁止に成功したことさえも認めてい
ない。2001年にはアヘン生産量が90%以上減少した。

実は、アヘン生産量の増加は、アメリカ主導の軍事作戦
の猛威とタリバン政権の崩壊と時を同じくしていた。200
1年10月から12月にかけて、農家はケシの植え替えを大規
模に行うようになった。タリバン政権下で2000年に行わ
れたアフガニスタンの麻薬撲滅プログラムの成功は、200
1年10月の国連総会（2001年の爆弾テロが始まった数日後

に開催）で認められました。他のUNODC加盟国では、これに匹敵するプログラムを実施できていない。

> まず、麻薬との闘いについてだが、私は、タリバンが支配地域のアヘンケシ栽培を禁止したことの意味を中心に発言する予定だった......。

アフガニスタンで毎年行っているケシ栽培の現地調査の結果が出ました。今年（2001年）の生産量は約185トンです。これは昨年（2000年）の3,300トンから94%以上減少しています。2年前の過去最高の収穫量4700トンと比較すると、その減少率は97%を優に超えている。特に今回のように、現地や他国での転作が行われず、結果が弱まったケースは、不正栽培が減ることは歓迎すべきことです。

アメリカの侵攻後、レトリックは変化している。UNODCは現在、2000年のアヘン禁止令がなかったかのように振る舞っている。

> ...麻薬栽培との戦いは、他の国々で戦われ、勝利してきた。そして、ここ（アフガニスタン）でも、強力で民主的なガバナンス、国際支援、治安と品位の向上により、戦い、勝利することができるのだ。

> 2004年2月の国際麻薬対策会議でのUNODC駐アフガニスタン代表の発言。

実際、ワシントンとUNODCは、2000年のタリバンの目的は本当は「麻薬撲滅」ではなく、世界のヘロイン価格を上昇させる「人工的な供給不足」を引き起こすための狡猾な計画だったと現在主張している。皮肉なことに、このねじれた論理は、今や新しい「国連のコンセンサス」の一部となっているが、パキスタンのUNODC事務所が当時、タリバンによる備蓄の証拠がないことを確認した報告書によって反論されている。

Desert News, Salt Lake City, Utah, 5 October 2003.

2001年の米国によるアフガニスタン空爆後、ブレア英首相は主要先進国であるG8から、理論的にはアフガニスタンの農民がポピー栽培から他の作物に転換できるような麻薬撲滅計画を実行するよう命じられた。イギリスはカブールから、アフガニスタン当局と緊密に連絡を取りながら、作業を進めていた。

米国麻薬取締局の「封じ込め作戦」。英国が後援する農作物撲滅計画は、明らかに煙幕である。2001年10月以降、アヘンケシの栽培が急増している。この戦争の「隠れた」目的の一つは、まさにCIAが支援する麻薬取引を歴史的水準に戻し、麻薬ルートを直接支配することであった。2001年10月の侵攻直後から、アヘン市場は再興された。アヘンの価格は高騰した。2009年初頭、アヘンの価格（ドル/kg）は2000年の約15倍となった。2001年、タリバン政権下のアヘン生産量は185トン、2002年には米国が支援するハミド・カルザイ大統領の傀儡政権下で3,400トンにまで増加した。タリバンに対するカルザイの愛国的闘争を強調する一方で、メディアはカルザイが実際にはタリバンに協力していたことに触れなかった。また、米国の大手石油会社UNOCALに勤務していたこともある。実際、1990年代半ばから、ハミド・カルザイはタリバンとの交渉において、UNOCALのコンサルタントやロビイストとして活動してきた。サウジアラビアの新聞「*Al-Watan*」によると.

カルザイは、1980年代から中央情報局の秘密工作員として活動していた。彼は、1994年以降、アメリカがパキスタン人（特にISI）の仲介で秘密裏にタリバン買収を支援したとき、タリバンへのアメリカの援助を取り次ぎました。

ソ連・アフガン戦争の猛威とその余波以来、CIAの秘密工作と密接に結びついた黄金の三日月地帯の麻薬取引の歴史を思い起こすとよいだろう。ソ連・アフガン戦争（1979-

1989）以前、アフガニスタンとパキスタンでのアヘン生産は小規模な地域市場向けであった。地元でヘロインが生産されることはなかった。アフガンの麻薬経済は、アメリカの外交政策に支えられたCIAのプロジェクトとして慎重に計画されたものだった。イランコントラ事件や国際商業信用銀行（BCCI）のスキャンダルで明らかになったように、アフガニスタンのムジャヒディンのためのCIAの秘密工作は、麻薬資金の洗浄によって資金を調達していたのである。この「汚れた金」は、（中東の）多くの銀行機関や匿名のCIAのフロント企業を通じて「秘密の金」としてリサイクルされ、ソ連・アフガン戦争とその余波の中で様々な反政府勢力の資金源として使われたのであった。米国はアフガニスタンの反政府武装勢力にスティンガー対空ミサイルなどの軍事装備を提供するため、パキスタンの全面的な協力が必要だったからだ。1980年代半ばには、イスラマバードにあるCIAの拠点は、世界最大級の米情報機関の1つになっていた。

> 「もし、BCCIが米国にとって恥ずかしくて率直な調査が行われないとすれば、それは米国がパキスタンでのヘロイン売買に目をつぶってきたことと大いに関係がある」と、米国の情報部員が語っている。

研究者アルフレッド・マッコイの研究によると、1979年にCIAがアフガニスタンで秘密作戦を行ってから2年以内に、パキスタンとアフガニスタンの国境地帯は世界最大のヘロイン生産地となり、アメリカの需要の60％を供給するようになったことが確認されている。パキスタンでは、1979年にはほとんどゼロだったヘロイン中毒者が、1985年には120万人と、他のどの国よりもはるかに増加し、CIAの資産が再びヘロイン取引を支配するようになったのである。アフガニスタンでムジャヒディンのゲリラが領土を確保したとき、農民たちに革命税としてアヘンを植えるように命じた。国境を越えたパキスタンでは、アフガニスタンの指導者と地元の労働組合が、パキスタン

情報機関の保護の下、何百ものヘロイン製造所を運営していた。この10年間、大規模な麻薬取引が行われていたが、イスラマバードの米国麻薬取締局は、一度も大きな押収・逮捕をすることができなかった。

というのも、アメリカの麻薬政策は、アフガニスタンにおけるソ連の影響との戦いの優先順位に従属していたからである。1995年、アフガニスタン作戦を担当した元CIA長官チャールズ・コーガンは、CIAが冷戦を戦うために麻薬戦争を事実上犠牲にしてきたことを認めている。

> 私たちの主な任務は、ソビエトにできるだけ大きな損害を与えることでした。私たちには、薬物捜査をする資源も時間もなかったんです。

> 謝る必要はないと思うんです。どんな状況でも、落ちがある。薬物という点では、たしかに落ちがあった。しかし、主目的は達成されました。ソビエトはアフガニスタンから撤退した。

国内の社会的、政治的要因に焦点を当てたUNODCの公式出版物では、十分に証明されているCIAの役割に言及されていない。言うまでもなく、アヘン貿易の歴史的ルーツは大きく歪曲されている。UNODCによると、アフガニスタンのアヘン生産量は1979年以来15倍以上に増加している。ソ連・アフガン戦争後も、麻薬経済の成長は衰えることがなかった。米国の支援を受けたタリバンは、当初、2000年にアヘンが禁止されるまで、アヘン生産の継続的な増加に貢献した。この麻薬資金のリサイクルは、冷戦後の中央アジアやバルカン半島の反乱軍（アルカイダなど）の資金として使われた。詳しくは、Michel Chossudovsky, *War and Globalization, The Truth behind September 11*, Global Outlook, 2002を参照されたい。

## 麻薬：石油市場と武器貿易の背後にあるもの

CIAが支援するアフガンの麻薬取引による収入は相当なも

のだ。アフガニスタンのアヘン取引は、世界の年間麻薬取引高のうち重要な部分を占めており、国連は4000億円から5000億円の範囲にあると推定している。この国連の数字が最初に発表された時（1994年）、世界の麻薬取引（推定）は世界の石油取引と同じ桁の数字であった。

IMFは、世界のマネーロンダリングは年間5900億ドルから1兆5000億ドルと推定しており、これは世界のGDPの2〜5％に相当する。 (*Asian Banker*, 15 August 2003.) IMFが推定する世界のマネーロンダリングの多くは、麻薬取引に関連するものである。2003年の数字によると、麻薬密売は "石油と武器取引に次ぐ世界第3位の換金商品"である。*The Independent*, 29 February 2004.

さらに、マネーロンダリングに関するものも含め、上記の数字は、UNODCの報告書が示唆するように、世界の麻薬取引に関連する収入の大部分がテロリストグループや軍閥によって取り込まれていないことを裏付けている。薬物の背後には、強力な商業的・経済的利害関係が存在します。この観点から、麻薬ルートの地政学的・軍事的コントロールは、石油やパイプラインと同様に戦略的なものである。しかし、麻薬が合法的な商品取引と異なるのは、麻薬が組織犯罪だけでなく、金融・銀行分野ですます力をつけている米国の情報機関にとっても、富の形成の主要な源泉となっている点である。一方、麻薬取引を保護するCIAは、麻薬取引に関わる主要な犯罪組織と複雑な商業的・秘密的つながりを構築している。つまり、情報機関と組織犯罪と手を組んだ強力なビジネスシンジケートが、ヘロインのルートを戦略的に支配するために競い合っているのだ。何十億ドルもの麻薬の収入が欧米の銀行システムに預けられている。

国際的な大手銀行のほとんどは、オフショア銀行の子会社と同様に、大量の麻薬資金を洗浄している。このビジネスは、麻薬に関わる主要人物に「高官の政治的友人」

がいて初めて成り立つ。

合法的なビジネスと違法なビジネスがますます混ざり合い、「ビジネスマン」と「犯罪者」の境界線があいまいになっています。そして、犯罪者、政治家、情報機関のメンバーとの関係が、国家の構造とその機関の役割を汚染してしまった。この貿易は、仲介者の複雑なネットワークによって特徴づけられている。麻薬取引にはいくつかの段階があり、アフガニスタンの貧しいケシ農家から欧米諸国のヘロインの卸売・小売市場に至るまで、いくつかの市場が連動しているのだ。つまり、アヘン剤には「価格統制のヒエラルキー」が存在する。

このヒエラルキーは、アメリカの政権も認めています。

> アフガニスタンのヘロインは、国際麻薬市場で、農民が農場でアヘンを買う価格の100倍以上の値段で売られているのだ。
>
> 米国国務省が*Voice of America*から引用したものです。

UNODCによると、アフガニスタンのアヘンは2003年、農民に10億ドル、密売人に13億ドルの収入をもたらし、これは国民所得の半分以上であった。このUNODCの推計によると、生アヘンの平均価格は1kgあたり350米ドルであった。(2002年)、2002年の生産量は3400トンでした。しかし、UNODCの試算は、現地の農産物ゲートと卸売価格に基づいており、数十億ドル規模のアフガニスタンの麻薬取引全体のごく一部に過ぎない。UNODCは、アフガニスタンのアヘンの「国際取引の年間総売上高」を300億米ドルと見積もっている。しかし、欧米諸国におけるヘロインの卸売価格と小売価格を調べてみると、小売レベルを含めた総収入はもっと高いことがわかる。1キロのアヘンから約100グラムの（純）ヘロインができると言われている。

米国DEAは、1990年代後半にニューヨークでSWA（南西

アジア、すなわちアフガニスタン）ヘロインが純度75%の卸値で1キログラムあたり8万5000ドルから19万ドルで取引されていたことを確認している。この数字が発表されて以来、ヘロインの価格は450%上昇したとの情報もある。

米国麻薬取締局（DEA）によると、「東南アジア産（SEA）ヘロインの価格は1個（700グラム）あたり7万ドルから10万ドル、SEAヘロインの純度は85から90%」であるという。700グラムのASE単位（純度85〜90%）は、純ヘロインの1キロ当たりの卸売価格に換算すると、11万5000米ドルから16万3000米ドルである。DEAが引用した数字は、1990年代の状況を反映しているとはいえ、2002年の英国の数字とほぼ一致している。*Guardian*』紙の報道（2002年8月11日）によると、ロンドン（英国）での（純粋な）ヘロインの卸売価格は5万ポンド、約8万米ドル（2002年）程度であったとのこと。ヘロインの供給源の違いによる競争はあるが、米国のヘロイン市場に占めるアフガン・ヘロインの割合はかなり小さく、その大部分はコロンビアから供給されていることに留意する必要がある。

ニューヨーク市警察（NYPD）は、ヘロインの小売価格は低下しており、純度も比較的高いと指摘しています。以前は1グラム約90ドルで売られていたヘロインが、今では1グラム65ドルから70ドル以下で売られています。ニューヨーク市警の逸話によると、ヘロイン1袋の純度は一般に50〜80%だが、30%程度になることもあるそうだ。2008年6月の情報によると、ドミニカ人バイヤーがドミニカ人セラーから大量に購入した俵（10袋）は、1つ40ドル、セントラルパークでは1つ55ドルという安値で取引されていた。DEAの報告によると、ヘロインは通常1オンスが2,500〜5,000ドル、1グラムが70〜95ドル、1パックが80〜90ドル、1袋が10ドルで販売されています。

DMPの報告によると、1999年のストリートレベルでのヘ

ロインの平均純度は約62%であった。NYPDとDEAの小
売価格の数値は一致しているようだ。DEAの価格は70ドル
ルから95ドル、純度62%で、純ヘロイン1グラムあたり11
2ドルから153ドルに相当する。ニューヨーク市警の数字
もほぼ同じで、純度についてはおそらく低く見積もって
いる。なお、ヘロインの購入量が非常に少ない場合、小
売価格はかなり高くなる傾向があります。米国では、「
バッグ」単位で購入されることが多い（一般的なバッグ
には25ミリグラムの純ヘロインが含まれている）。ニュ
ーヨークで10ドルの袋（上記のDEAの数字による）は、1
袋に0.025グラムの純粋なヘロインが入っていて、1グラム
あたり400ドルの価格に換算されることになる。つまり、
ストリートディーラーが販売するごく少量の購入では、
小売マージンがかなり高くなる傾向がある。10ドル袋の
購入の場合、対応するグラムあたりの小売価格（112〜15
3ドル）の約3〜4倍となる。英国では、ヘロイン1グラム
あたりの小売価格は、英国警察筋によると「...1997年の74
ポンドから（2004年には）61ポンドに下がっている」。(
すなわち、2004年の為替レートに基づくと約133ドルから
110ドルへ) *Independent*, 3 March 2004.

都市によっては、純度が低くても1グラム30〜40ポンドと
いうところもあった。英国におけるヘロイン1グラムの平
均価格は40ポンドから90ポンド（1グラムあたり72ドルか
ら162ドル）である。(純度については触れられていない
) National Criminal Intelligence
Serviceによると、2007年4月のヘロインの路上価格は1gあ
たり80ポンドだった。生産国のファームゲートプライス
から、最終的に街角で小売りされるまでの価格である。
後者は、農家に支払われる価格の80〜100倍であることが
多い。つまり、アヘン製品は生産国から積み替え国、そ
して消費国へと、いくつかの市場を通過するのである。
後者では、麻薬カルテルが要求する入国地点での「水揚
げ価格」と、欧米の組織犯罪が保護する街角での卸売・

小売価格との間に大きなマージンが存在する。アフガニスタンでは、2003年に報告された3,600トンのアヘンが生産されると、約36万kgの純ヘロインが生産されることになる。アフガニスタンの農民の総収入はUNODCによると約10億ドルと推定され、そのうち13億ドルが地元の密売人の手に渡っている。欧米の市場でヘロイン卸売価格10万ドル/kg程度（純度70％）で販売した場合、世界の卸売代金（アフガニスタンのアヘン3,600トンに相当）は約514億ドルとなる。

後者の数字は、前節で紹介したさまざまな卸売価格の数字をもとにした保守的な推定値である。アフガニスタンの麻薬取引の総収入（総付加価値額）は、ヘロインの最終小売価格を用いて推定している。つまり、所得創出や富の形成という観点から麻薬取引の重要性を測るには、結局のところ取引の小売価格が基準となるのです。しかし、小売価格は、純度や品質の差はもちろん、都市内、都市間、消費国間で大きく異なるため、有意義な小売価格の推定はほとんど不可能である。小売マージン（消費国における卸売価格と小売価格の差）に関するデータは、それにもかかわらず、麻薬取引の総収入（金額）の大部分が小売レベルで生み出されていることを示唆しています。つまり、麻薬取引の収益のかなりの部分が、現地の卸売・小売市場に関わる欧米諸国の犯罪・ビジネスシンジケートに流れているのである。そして、小売業に関わる様々な犯罪組織は、必ずと言っていいほど「企業」の犯罪組織に保護されているのです。

英国で消費されるヘロインの90％はアフガニスタンから輸入されています。英国の小売価格を1グラム110米ドル（純度50％と仮定）とすると、2003年のアフガニスタンの麻薬取引（アヘン3,600トン）の小売総額は約792億米ドルとなる。後者の数値は、推定値ではなく、シミュレーションと考えるべきでしょう。この仮定（シミュレーション）のもと、アフガニスタンの農民の総収入が10億米

ドル（2003年）であれば、世界の麻薬収入（異なる段階、異なる市場で累積）は792億米ドルのオーダーとなるであろう。

これらの世界的な収益は、麻薬取引に直接または間接的に関与している企業シンジケート、情報機関、組織犯罪、金融機関、卸売業者、小売業者などにもたらされる。そして、この儲かる取引の収益は欧米の銀行に預けられ、汚れたお金を洗浄するための重要な仕組みとなっている。生産国の農民や商人に渡るのはごくわずかです。アフガニスタンの農民の純所得は、推定10億ドルのうちのほんの一部に過ぎないことを忘れてはならない。これには、農業投入物の支払い、貸金業者への貸付金利、政治的保護などは含まれない。アフガニスタンは世界のヘロイン供給の70%以上を生産しており、ヘロインは世界の麻薬市場のかなりの部分を占めており、国連は約4000億〜5000億円の価値があると推定しています。

世界の麻薬取引の主なカテゴリー間の分布については、信頼できる推定値がない。

> コカイン、アヘン／ヘロイン

> 大麻、アンフェタミン系覚せい剤（ATS）。

> その他の薬

麻薬取引の収益は、通常の銀行システムに預けられる。麻薬資金は、スイス、ルクセンブルグ、チャンネル諸島、ケイマン諸島など、世界約50カ所にあるオフショア銀行で洗浄されているのです。ここでは、麻薬取引に関わる犯罪組織と世界最大の商業銀行の代表者が交流しています。汚れたお金は、欧米の大手商業銀行が管理するこれらのオフショアヘブンに預けられる。後者は、麻薬取引を維持・支援することに既得権益を有している。

一度洗浄された資金は、不動産やホテルなどだけでなく

、サービス経済や製造業など、他の分野への真の投資に再利用することができるのです。また、デリバティブ、商品、株式、国債などの取引など、さまざまな金融商品に汚れた秘密の資金が流れ込んでいる。米国の外交政策は、組織資本と組織犯罪の境界線がますます曖昧になる中で、盛んな犯罪経済の仕組みを支えている。

ヘロインの取引は、アメリカ政府や国際社会が主張するような「タリバンの財源を満たす」ものではありません。この違法取引の収益は富の創造の源泉であり、欧米諸国の強力な商業・犯罪利権者が大きな利益を得ている。

これらの利益は、米国の外交政策によって支えられている。米国国務省、CIA、国防総省の決定は、石油と武器貿易に次いで3番目に大きい、数十億ドルの利益を生むこの貿易を維持するのに役立っている。

アフガンの麻薬経済は「保護」されている。ヘロインの取引は、戦争政策の一環であった。この戦争がもたらしたものは、米国が任命した傀儡が率いる自己満足の麻薬国家を復活させることである。

麻薬の背後にある強力な金融利益は、黄金の三日月地帯や南米のアンデス地域（アンデス・イニシアチブの下）など、世界の主要な麻薬トライアングル（および積み替えルート）の軍事化によって支えられている。

## アフガニスタンのケシ栽培の様子

| 年 | 生産量（単位：トン） | 作物（単位：ヘクタール） |
|---|---|---|
| 1994 | 71,470 | 3,400 |
| 1995 | 53,759 | 2,300 |
| 1996 | 56,824 | 2,200 |
| 1997 | 58,416 | 2,800 |
| 1998 | 63,674 | 2,700 |
| 1999 | 90,983 | 4,600 |
| 2000 | 82,172 | 3,300 |
| 2001 | 7,606 | 185 |
| 2002 | 74,000 | 3,400 |
| 2007 | 88,000 | 4,000 |

# 第3章

## 偽りの麻薬戦争

あらゆる国の歴史には、ある時点から急激に衰退し、必然的に滅亡に向かうということが明確に定義されている。これは、ハラッパ文化、インドへの侵略、アレキサンダー大王のもとスキタイ人やヘレン人が仕掛けた大アーリア文化をさかのぼっても同じことです。ヨーロッパの文明を破滅させた主な文化的変化は、4つの主要なルートからもたらされた。

> ➤ 西アジアからロシアを経由して中欧・西欧へ。

> ➤ 小アジアからエーゲ海を経て西地中海へ。

> ➤ 近東、エーゲ海から西地中海まで、海路で。

> ➤ 北アフリカからスペイン、西ヨーロッパへ。

ギリシャ文明もローマ文明も、これらの潮流、あるいはその組み合わせによって滅んだ。人々の大量移動とさまざまな文化の伝播が、国家の未来を形作る上で大きな役割を果たしたことは確かである。これらの大衆運動が、商業的・政治的な理由によって推進されてきたことは明らかである。奇妙な人々や文化が「権利」を主張し始めたのは、古代ローマからである。政治的な理由から、退廃したローマの支配者たちはこれらの要求を受け入れた。このような政治的な理由による人々の集団移動のパターンを、アメリカ合衆国の歴史ほど明確にたどることができる場所はないだろう。1933年、フランクリン・デラ

ノ・ルーズベルト大統領は、アメリカ国民の大部分を占めるアングロサクソン系キリスト教、北欧アルプス、ロンバルドのゲルマン文化とは全く異なる文化を持つ東ヨーロッパの人々の侵略に門戸を開いたのである。外国人移民が自分や自分の政党に投票してくれることを知りながら、純粋に政治的な目的でこれを行ったのだ。

この社会的、文化的に不適合な人々の巨大な潮流は、キリスト教国のアメリカを破壊することを目的とした陰謀者たちが行った政策決定の結果である。この方針は現在も続いている。米国は、小アジア、極東、近東、太平洋諸島、東欧、中南米などの異民族に押し流され、1933年に始まった米国の衰退と没落が、今まさに進行中なのだ。

特に1933年以降、文化の変化は大きい。寛容」と「国際主義」の名の下に、アメリカの西側キリスト教徒は「リベラリズム」の圧力で後退を余儀なくされている。妥協するのが当たり前になっている。かつてアメリカに溢れていた白人キリスト教の倫理観は、非キリスト教的な思想の海に溺れ始めている。このまま放っておけば、比較的短期間のうちに、ローマで行われたことがアメリカでも行われるだろう。

私がアメリカの土着民と呼んでいる人々、つまり、イングランド、アイルランド、スコットランド、ウェールズ、ドイツ、スカンジナビア、フランス、イタリアから来た先祖を持つ白人キリスト教徒が、西洋のキリスト教精神を破壊する最も極悪な努力の一つは、マリファナ、化学物質、ヘロイン、コカインなどの中毒性薬物の大量使用を伴うロックンロール音楽によって引き起こされた文化的破壊である。このような悲惨な文化的変化が偶然に起こったと考える罠にはまってはならないのだ。この激動に偶然は関係ない。これらは事実であり、キリスト教の道徳から異教徒の退廃への広大な文化の変化全体が、

慎重に計画されたものであったということです。

私が書いた多くの本の中で、これらの計画はむき出しにされ、白人のキリスト教徒であるアメリカに対する恐ろしい戦争に責任がある機関、会社、組織、個人の名前が提供されています。私の著書は以下の通りです。

> 共謀者の所属機関・企業

> 仮面を剥がされた黒い貴族たち。

> 共謀者は誰なのか？

> アメリカの隠れたリーダー

> 水瓶座の新時代

私がこれまで行ってきたのは、決して薬物の脅威を暴くことだけではありません。私の500冊以上のモノグラフやオーディオテープの中には、この陰湿な取引とその責任者について言及しているものがある。18$^{\text{ème}}$、19$^{\text{ème}}$、中国でのアヘン取引で得た膨大な経験と富をもとに、英国寡頭政治家とそのアメリカの従兄弟たちは、第二次世界大戦直後からアメリカに対して麻薬戦線で本格的な攻勢を開始したのである。私個人の麻薬戦争のための調査作業は主に現場で行われ、私の情報は多くの国で麻薬取引の監視に携わった元諜報機関の中の人間関係から引き出されたものであることを思い出してほしい。

1930年代、イギリスの海外投資の権威であったグラハム氏は、イギリスのラテンアメリカへの投資額は「1兆ポンド以上」にのぼると書いている。なぜ、中南米にこれほどまでにお金がかかるのか？一言で言えば、「薬」です。バナナは、バナナの房の下に隠された麻薬輸送の隠蔽に一役買っていたのだ。

当時、銀行の財布の紐を握っていたプルートクラシーは、現在の麻薬取引を仕切っているのと同じだ。彼らは、アフリカのフレイザーズやカリブ海のトリニダード・リ

ーセホールズ社（ロンドンで登記されたイギリスの大企業）のようなフロントマンや組織を通して、立派な隠れ蓑を持って活動しているのである。

ヴィクトリア女王の時代、イギリス議会の15人のメンバーが、中国やラテンアメリカの膨大な貿易をコントロールしており、その中にチェンバレン卿、チャールズ・バリー卿、パーマストン卿がいた。中国のアヘン取引がイギリスの専売特許であったように、カリブ海、中南米、中東、極東での麻薬取引もイギリスの専売特許となったのである。

その後、アメリカの文化的破壊という目的を達成するために、アメリカの古い「青い血」の家系が貿易に参加することを許された。トーマス・ハンディサイド・パーキンス、デラノ、リチャードソンなどがその例である。BEICが多額の資金を提供した中国内地伝道の「宣教師」による配布を皮切りに、アヘンは中国の人々に強要された。需要が生まれ、そしてBEICによって満たされたのです。

彼らの召使であるアダム・スミスは、これを「自由貿易」と呼んだ。中国政府が国民をアヘン中毒にすることに抵抗しようとしたとき、イギリスは　　　"自由貿易の妨害"と言って、それを阻止するために2つの大きな戦争をした。

ロンドン留学中に、中国内陸部伝道に従事した宣教師一家のご子息と出会いました。彼の一族は、19<sup>ème</sup>世紀から宣教師をしていた。中国に派遣されていた娘さんとかなり親しい間柄になり、「みんなアヘンを吸っていて、代々続いている習慣なんです」と教えてくれました。

インドシナのアヘン貿易は、西ヨーロッパの歴史の中で最も秘密にされ、最も不名誉な章の一つである。忘れてはならないのは、英国王室の起源が、西欧の中心にある

レバノン系の短剣、ヴェネツィアにあることだ。スコットランドの王位を簒奪したロバート・ブルースはベネチア出身で、本名はブルースではなかった。いわゆる「ウィンザー家」、実際は「ブラック・ゲルフ家」にも同じことが言える。

前述したように、インドや中国での成功後、BEICは米国に目を向けた。これは、いわゆる「特別な関係」を英国貴族と結ぶ理由の一つであり、実際、多くの「リーダー」が英国王室と結びついている。フランクリン・D・ルーズベルト、ジョージ・ハーバート・ウォーカー・ブッシュ、リチャード・チェイニーなどが思い浮かぶ。中国で確立された儲かる麻薬取引は、利益のために人間の不幸を搾取する最悪の例の一つである。

スイス政府が自由に発動できる産業スパイ法の保護のもと、この2社の株式、あるいはスイスの他の会社の株式について何か公表すれば、厳しい実刑判決が下されることが予想される。不愉快な結果になる覚悟がないのなら、スイスで船を揺らしてはいけないサッチャー夫人やジョージ・ブッシュのように、基本的に麻薬と闘う決意を語っている人々のレトリックは、完全に無視することができます。

いわゆる「麻薬戦争」は、政府の最高レベルでは絶対にインチキである。麻薬戦争は起こっていないし、これまでも起こっていない。英米の政府が、麻薬取引のトップに立つ人たちを追及してこそ、彼らが宣言する「戦争」が意味を持つのです。つまり、ケズウィック家、ジャーディン家、マシソン家といった人々を逮捕し、ミッドランド銀行、ナショナル・アンド・ウエストミンスター銀行、バークレイズ銀行、カナダロイヤル銀行といった銀行を閉鎖するのです。私は、軽々しくこれらの英国上流社会の名前を口にすることはしない。

1931年には早くも、これらの企業や銀行のトップが王国

の貴族に任命された。イギリスの5大薬品商社を特別に保護したのは、イギリス女王その人であった。信頼できる友人を通じて、『インド文書』の管理者であった故フレデリック・ウェルズ・ウィリアムソンの文書にアクセスすることができた。目にしたものは衝撃的でした。イギリスやヨーロッパで麻薬取引に関与している「貴族」一族のリストが公開されれば、イギリスやヨーロッパで憤りの嵐が吹き荒れるだろう。

第二次世界大戦後、ヘロインの洪水が欧米諸国を飲み込む恐れがあり、特に北米に集中していた。この取引は、上層部の人間によって運営され、資金が提供されていた。KGBは、故ユーリ・アンドロポフの命令と指示のもと、西側に対する武器としてこれを使用した。KGBから資金提供を受けて、フィデル・カストロの弟であるラウル・カストロの指揮のもと、キューバにコカインとヘロインの製造施設が設立された。

これらの事実は、アメリカ政府も知っている。アメリカ政府は、キューバの施設を使えなくすることはできず、政策はキューバを「アンタッチャブル」にしているように見える。ヘロインに関する悪名高い権威であるガレンは、ヘロインとは何か、それが人体に何をもたらすかを明確に理解したい人に読んでほしい。アヘン（ヘロインの原料）の使用者として最も早く記録されたのは、おそらくインドの古代ムガール人で、その王朝は1526年から1858年まで続いたが、アヘン生産とイギリスの権力増大により文明は崩壊した。

ロンドンのインド・ハウスにあるIndia Papersから入手したインド地図には、アヘン・ポピーの栽培地が示されており、1785年以降に英国が領土を獲得した、ガンジス、ビハール、ベナレス流域一帯と対応している。この地域で栽培されるポピーから、最高品質のアヘンが採れるのである。イギリスのアヘン王、イギリス

の支配層がインドで成し遂げたことは、ただただ驚くばかりである。

王族やその親族は、この幻想的な儲け話を「帝国の戦利品」と呼んでいた。インド館の資料は、「古記録雑纂」と呼ばれ、私にとって情報の宝庫であることがわかった。これらの文書は、英国政府高官、王族、寡頭政治家が中国のアヘン取引に全面的に関与していたことを示すものである。

これらの資料は、イギリスの「貴族」や「貴族」によって「即席の財産」が作られたことを示している。イギリス東インド会社の費用で無許可の「即席の財産」を作ったとして裁判にかけられたウィリアム・サリバンのような外国人は、すぐに大変な目に遭った。イギリス東インド会社の役員は、パーマストン卿をはじめとする保守党の有力者たちであった。彼らは、イギリス東インド会社のパスポートを持っており、中国に行くには、このパスポートが必要になった。

イギリス東インド会社のオーナーである諸侯は、1683年に初めてイギリスにアヘンを導入しようとしたが、頑丈なヨーマンや中産階級を説得して中毒にさせることはできなかった。そこで、プルトクラートとオリガーキーは、市場を探し始めたのです。

アラビア半島でも試みたが、預言者ムハンマドの教えにより、それも失敗に終わった。そこで、ベンガル地方にほど近い中国に目をつけた。中国政府が反オピウム法を制定しようとしたのは1729年のことで、これにより中国はイギリスと衝突することになった。イギリスの貴族階級とその寡頭制の構造は、非常に浸透しにくい。特別な訓練を受けた人でなければ、そのような作業は不可能です。英国の政治家のうち重要な人物の大半は血縁関係にあり、いわゆる肩書きは長男の死によって引き継がれ、事実上これらの一族は、もちろん間接的にではあるが麻

薬取引をしているのである。

このディテールは、やや退屈に感じるかもしれません。ロンドンで山のような文献を読み、ストックしてあるノートに情報を記録していると、そう感じるようになったのです。そのようなメモを取ることが許されないときは、特殊な「スパイカメラ」が役に立ちました。この情報は、米国に深く関わっているため、多くの調査を必要としたため、この場を借りてお伝えします。

これは、麻薬取引の自国の「貴族」と英国の「いとこ」とを結ぶ「特別な関係」の隠蔽工作の一環である。この「特別な関係」は、イギリスの貴族の中に忍び込んだ異質な要素が、アメリカの従兄弟たちにも受け継がれているという不愉快な状況を隠蔽しているのだ。

例えば、ハリファックス卿は在ワシントン英国大使であり、第二次世界大戦前から戦中にかけて、米国の外交政策の主導権を握り、米国のすべての諜報能力を監督した人物である。息子のチャールズ・ウッドは、ミス・プリムローズと結婚したが、このプリムローズは、ロスチャイルド家の血縁で、スウェイリング卿やモンタギューといったエリザベス女王にまつわる恐ろしい名前を持っており、シェル社の共同大株主であった。私は、これらすべての人々とその組織を麻薬取引と結びつけています。

この兄弟の祖先の一人が、おそらく史上最も尊敬されているイギリスの首相の一人であるパーマストン卿である。また、中国でのアヘン貿易の主唱者であることも判明した。この「王冠をかぶった毒蛇」たちは、中国の内陸部に大量のアヘン在庫を運ばなければならなかった時、アメリカにいるイギリスの「いとこ」たちにこの貿易に参加することを許したのである。中国のウン委員は、こう指摘する。

　　今、道路（マカオ）を走っているイギリス船には大量のアヘンが積まれていて、元の国には決して戻れないだろ

　　　う。この海岸で販売が行われる予定だが、アメリカの色
　　　で（中国に）密輸されると知っても驚かないだろう。

コミッショナー・ワンは、彼の予言がどれほど的中した
か、そして、何が間接的にアメリカの麻薬蔓延につなが
ったかを知るには至らなかった。私たち国民がいかに騙
されているか、何が起こっているのかを知る必要があり
ます。

ひとつだけ確かなことは、この本を読んだ後、この国へ
の麻薬の流入を食い止め、麻薬取引を終わらせるための
アメリカの努力には致命的な欠陥があり、これらの間違
いや失敗が意図的であることを誰も疑わないだろうとい
うことだ。

政府は麻薬取引がなくなることを望んでいない。議会で
「われわれ」の代表を支配している権力者たちは、麻薬
に対する戦争は見せかけの戦争になると決めてかかって
いるのだ。いわゆる麻薬戦争のトップがこのようにやる
気がないため、政府の主要メンバーが2人辞任している。
ある司法長官は、メキシコ政府と結託し、最高レベルで
メキシコ政府を保護していると見られ、辞任に追い込ま
れた。ある大統領は、麻薬密売の責任者に敢然と立ち向
かおうとしたため、大統領職を追われた。英国はアヘン
貿易を広東から香港、そしてパナマに移した。だからこ
そ、ノリエガ将軍を永久に廃業させることが重要だった
のだ。

ヘロインはアフガニスタンからパキスタンに渡り、荒涼
としたマクラの海岸や紅海を経てドバイに至り、そこで
金と交換されたのである。レバノンからは、シリアが支
配するベッカ谷から来たもので、なぜシリア軍がレバノ
ンを長く占領していたか、ビルマとタイのゴールデント
ライアングル、イランのゴールデンクレセントから来た
もので、なぜ国王が最初に退位し、次に事態を把握して
それを止めようとしたときに暗殺されたか、その理由を

説明している。

アメリカに対するこの非常に現実的な麻薬戦争は、ワンワールド政府の陰謀の一部であり、この陰謀は300人委員会にそのルーツがあるのです。薬物の歴史は、人間そのものの歴史と同じぐらい古い。既存のすべての政府と宗教を転覆させようとする陰謀は、精神的、経済的、政治的な三位一体の努力である。薬物はその主な武器である。グノーシス主義とは、キリスト教に対するカウンターフォースである。イギリスの女王はグノーシス主義者であり、夫のフィリップ王子もそうである。その中には、麻薬の自由な使用、母なる神、大地の女神の崇拝、神智学、「トライアド」と呼ばれる中国のアヘンギャングを動かしていたバラ十字団が含まれている。三国人」はイギリス船の倉庫からアヘンを調達し、中国の地主にアヘン窟を開かせた。

アリステア・クロウリーは、英国ヴィクトリア朝社会における麻薬悪魔のモデルであった。タヴィストック研究所を通じて、LSDやマリファナ、後にはコカインの使用を広めるために「ロックバンド」を作り、「ロックンロール」の発祥の地となったのだ。私たちは知らないかもしれないが、ローリング・ストーンズのような退廃的なバンドは、イギリスの有力貴族やドイツの寡頭政治家であるフォン・トゥルン＆タクシスの庇護を受けているのだ。敬愛する英国貴族は、「ホンシャン銀行」の名で親しまれる香港上海銀行を通じて、古くから薬物ビジネスに取り組んできた。香港上海銀行のビジネスは、純粋でシンプルな「薬」である。エイブラハム・リンカーンや後のジョン・F・ケネディの暗殺計画は、こうした高貴な一族から生まれたのである。彼らの米国支配は完全なものであり、彼らの組織や社会、「切り分けられた」宗教組織を通して行動している。ブロンフマン酒類帝国の真の所有者は、英国王室である。

禁酒法時代、ブロンフマン家はカナダからアメリカへ酒を運ぶ最大の密輸業者であった。アメリカ人は、これらの権力者とその企業が、アメリカが文字通り溺れている広大な麻薬の川の原因であることを決して忘れてはならない。私たちの主な監視役は、王立国際問題研究所（RIIA）です。モルガン・ギャランティーの会長は、RIIAの理事も務めています。

モルガンの取締役会の他のメンバーは、香港上海銀行の取締役を務めています。

ケイトー卿は、香港上海銀行の「ロンドン委員会」の一員である。世界の薬物の脅威を担っているのは、企業、機関、銀行のネットワークを通じてのRIIAである。中国で毛沢東を権力の座に就かせ、香港を世界有数のアヘンと金の取引所とし、最近のドバイの進出までその地位を維持したのはRIIAであった。少し前に、オーストラリアの麻薬取引の末端について書き、その方法論について言及したことがある。ある男性から手紙が届き、彼は最大手のマネーロンダリング企業の運び屋をしていたことがあり、私の情報は非常に正確であると言われたのです。

オーストラリアの会社は、イギリスからコントロールされていた。周恩来がエジプトのナセル大統領を脅したことは、すでに述べた。どちらも故人だが、中国の指導者が言ったことは、繰り返し言う価値がある。

> アヘンを試している人（在ベトナム米軍）もいる。私たちは彼らを支援します。西洋（＝イギリス）がアヘンを強要したのを覚えていますか？彼らはアヘンを使って私たちと戦いました。そして今、私たちは彼ら自身の武器で戦うことになる。この戦意喪失が米国に与える影響は、誰もが思っているよりはるかに大きいだろう。

この会話は、1965年6月、エジプトの日刊紙『アル・アハラム』の元編集長で高名なモハメド・ハイケルが録音したものである。麻薬のマネーロンダリングで知られ、王

立国際問題研究所と提携しているオフショア銀行が世界中に点在しています。ここでは、その国の一覧を紹介します。

| | |
|---|---|
| シンガポール | 14 |
| バハマ | 23 |
| アンティグア | 5 |
| 西インド諸島 | 10 |
| バーミューダ | 5 |
| トリニダッド | 6 |
| ケイマン | 22 |
| パナマ | 30 |

このリストには中国系RIIA銀行が含まれていません。後者のリストについては、Polk's Banking Directoryを参照してください。著名人の名前を並べると、何ページにもなってしまう。その中には、カナダロイヤル銀行を含む英国王室の主要銀行を支配するマーク・ターナー卿のような英国社会で最も著名な人物が含まれていると言えば十分であろう。国王ジョージ3世と共謀してアメリカの植民地主義者に危害を加えたのは、ターナーの経歴である。アヘンを金に換える最大の取引は、中東の英国銀行がドバイで行っていた。ドバイで取引される金の量は、ニューヨークで取引される金の量を上回っ

た。この作戦はハンフリー・トレベリン卿の手に委ねられている。

金の世界価格は、ロンドンのセント・スウィジンズ・コートにあるN.M.ロスチャイルドの事務所で毎日「固定」されている。アヘンの価格だけを基準にしているのです。N.M.ロスチャイルドの事務所に集まったのは、ハリー・オッペンハイマーの南アフリカのアングロ・アメリカン社、モカト・メタルズ、ジョンソン・マッセイ・クラインワート・ベンソン、シャープ、ピクスリー・ワードリー、そして香港上海銀行ロンドン委員会のメンバーたちの代表者たちである。

この間、これらの企業とその代表者は、栽培する量、支払うべき価格、逆に金の価格、誰が、どこで、どれだけの量を取引すべきかなど、アヘンやヘロイン取引の統制体を反映している。

外国人が侵入しようとすると、すぐにロックフェラーの私設警察ネットワークである「インターポール」に通報され、比較的少量の麻薬が押収されることもある。これらの押収は、世界のマスコミによって、偽りの麻薬戦争における「大勝利」として歓迎されている。ヘロインやコカインの卸売りは、次のような大手銀行を経由している。これまで、彼らの悪質な活動の証拠があふれているにもかかわらず、どの政府もあえて彼らを追及してこなかった。

## アメリカ

- ノバスコシア銀行
- ハリー・ウィンストン ダイヤモンドディーラー
- モカトメタル
- N.M.R.メタル
- ローブ・ローデス

- エンゲルハルド鉱業
- デイドランド銀行
- ファースト・バンク・オブ・ボストン
- クレディ・スイス

## カナダ

- カナダロイヤル銀行
- ノランダ販売株式会社
- カナダ帝国商業銀行
- バンクオブノバスコシア
- 香港シャープ ピクスリー ウォードリー
- インチケープカンパニー
- 連結チャーター
- 香港上海銀行
- スタンダード&チャータード銀行
- 華僑銀行
- ジャーディン・マセソン
- シーム、ダービー
- バンコク銀行

## ミッドイースト

- イギリス領中東銀行
- バークレイズ・インターナショナル銀行（ドバイ
- バークレイズ・ディスカウント・バンク
- イスラエル・レウミ銀行

- ハポルムバンクオブインディア

### パナマ

- バンコイベリア・アメリカ
- パナマ・バンコナカル・デ・パナマ

### イングランド

- ナショナル・ウエストミンスター銀行
- ミッドランド・バンク
- バークレイズ銀行

パナマは、コカイン取引地域として設立されたため、麻薬の世界では重要な存在です。そのために、大きな商業銀行が開設された。強者のオマール・トーリホスが責任者になったが、所属を変えたら「クビ」になってしまった。

ノリエガ将軍は、自分が受け取ったと思われる米国農務省の令状に基づいて行動し、パナマにあるロックフェラーの麻薬銀行帝国の解体を始めたとき、G・W・H・ブッシュ大統領指揮下の7000人の軍隊に拉致されてマイアミに運ばれ、主要な「麻薬取引人」として裁かれることになった。その代償として、彼は「司法」によって一生出られない刑務所に入れられることになった。

ニクソン大統領は、フランスを経由するヘロインの取引に取り組むのに十分な大きさだと考えていた。彼は自分が間違っていることを知り、英米間の「特別な絆」をひっくり返そうとする大胆な試みのために大統領の座を失ってしまったのだ。

公社にはまだ約200トンのコカインペーストがあり、一方、パト・ピサーロは最盛期にはパナマの銀行を通じて数億円を動かしていたことが知られている。ピサロはボリビアの「コーポレーション」のトップだったが、メデジ

ン・カルテルを「追放」しようとしたため、その命令で殺害されることになった。パナマで起きていることをすべて知っていながら、それを報告しなかった人物に、アメリカ大使館付のDEA担当、アルフレッド・ダンカンがいる。アルフレッド・ダンカンは、パナマで活動するボリビアのネットワークで最も重要な金の亡者である「企業」のマネーロンダリングを担当するレンベルトを逃がした主犯格である。

このネットワークは、英国がヘロイン取引のために香港を設立したように、コカインのメインバンクとしてデビッド・ロックフェラーによって設立されたものである。レンベルトはパナマに誘い出された。彼は、疑惑の取引が行われるのを待っていた。しかし、当時の司法長官エドウィン・ミースがメキシコ政府に何が起ころうとしているのかを警告すると、レンベルトは逮捕を免れ、逃亡することができたのである。担当のアルフレッド・ダンカン捜査官は、ワシントンのDEAからレンベルトの逮捕を命じる何十通もの電報を受け取っていた。鳥が飛んだことが明らかになると、麻薬取締局のアルフレッド・ダンカンは、「彼（レンベルト）をコンタドーラ島に連れて行った」と主張して、CIAを非難した。こうして、麻薬撲滅のための大きな勝利がもたらされるはずだったのが、失敗に終わった。それどころか、注文がブロックされたり、無視されたりして大失敗に終わった。レンベルトは意図的に逃がしたという印象が強い。

自慢の、そして恐ろしく高価な「スノーキャップ作戦」では、DEAはボリビアのジャングルに入り、巨大なコカインラボを解体することになっていた。当初から「スノーキャップ作戦」は詐欺まがいの茶番劇で、このインチキ戦争でDEAが大成功を収めていると議会とアメリカ国民に信じさせるために作られたようだ。「スノーキャップ作戦は、ベトナム戦争のようなものだった。アメリカは勝つ気がないのだ。あえてそうしているわけではない

のです。この偽りの麻薬戦争は、欺瞞と嘘と偽善に満ちている。要するに、時間と税金の無駄であり、残酷なデマであり、全く無意味なものなのです。ベトナム戦争で、敵に勝つ気がないことを知りながら、アメリカ政府は兵士の命を犠牲にしたように、スノーキャップ作戦で殉職した多くの献身的な若い麻薬取締官の命も犠牲にしようとしたのである。

オリバー・ノース中佐は、米国上院議員の目から見て、長い間疑われてきた。コロンビアで麻薬取引を阻止した彼の行動から、私は政府が「麻薬との戦い」に勝つ気がなかったことをより強く信じるようになった。

私はこれまで、薬物に関するいくつかの著作の中で、メデジン・カルテルやコロンビアのコカイン王について詳しく述べてきた。この点、「宣伝」を承知で言えば、私は「メデジン・カルテル」という名称と、コロンビアのコカイン取引全般の情報公開の最前線にいるのだ。

一般に信じられていることとは異なり、コカインのほとんどはコロンビアで加工されておらず、ボリビアから輸入されている。DEAの公式発表によると、コカインの97％はボリビア産である。コロンビアが注目されるのは、ボリビア人が暴力的な民族ではなく、ボリビアからほとんど売りに出ないからです。コカインを買いたければ、ボリビアに行くしかない。

オリバー・ノース事件では、メデジン・カルテルに深く潜入していたボビー・シール氏が、ノース氏がサンディニスタの指導者ダニエル・オルテガ氏に賄賂を渡していると確信したのだ。彼はその情報をDEAに伝え、DEAはそれをノースに伝えた。北には、金で勝負する絶好のチャンスがあった。その代わりに、コロンビアで最も有能なDEAの潜入捜査官だったという経歴を持つシール氏の情報提供を疑問視することを選択した。そして、ノースは、シールにコントラへの資金を渡してほしいとDEAに

告げた。

ノース氏は、なぜシール氏をそのダイナミックな役割からはずそうとしたのか、私には想像がつかなかった。彼は、我々の側で本当に麻薬と戦っていたのだ。ノースへの出向を拒否したシールは、シールの話をマスコミにリークした。結果はどうだったのでしょうか？DEA史上最高の作戦は壊滅し、判事の命令で保護を剥奪され住所を公開されたシールは、メデジン・カルテルのヒットマンに殺害された。信じてくれないのか？私の暴露以来、シールが殺される4年前に私が説明したとおりのストーリーの映画が作られた。ノース中佐を批判するつもりはないが、シールの話がアメリカのメディアのジャッカルに漏れたことは、ニューヨークタイムズが記者の一人リチャード・バートを通じてソ連に衛星コードを漏らしたことに匹敵する裏切りである。少なくとも、北は説明することがたくさんある。私の考えでは、ノースは「ダートバッグ」（ストリートスラングで情報提供者を意味する）の一歩手前である。ボビー・シール氏の死は、非常に大きな損失であった。イランコントラ事件」の公聴会がなければ、この嘆かわしい出来事は、おそらく報道されることはなかっただろう。

私の考えでは、北からの「リーク」は事故ではなく、また孤立した事件でもない。政府が麻薬と完全に戦争していないことを示す証拠は、今回に限ったことではない。メデジン・カルテルが関与した別のコロンビア事件では、ボリビアの主要供給者であるロベルト・スアレスが850ポンドのコカインを失い、マイアミの手入れで逮捕された彼のトップ子分2人が死亡した。スアレスは1日100万円の収入があり、その水準で安定した収入を得ていたのである。大統領というより、ボリビアの指導者だった。

この事件の資料には、中南米政府の高官が何度も登場している。スアレスのトップである2人の「麻薬外交官」が

逮捕された直後、DEAとCIAの支援を受けたボリビア政府に対して、最も恐ろしいクーデターが起こされたのである。クーデターは成功し、数千人の命を奪い、ボリビアはコロンビアへのコカインの主要な供給国になった。そのためか、マイアミで逮捕されたスアレスの2人の「麻薬外交官」の起訴は取り下げられ、3人目の保釈金は不思議なことに減額され、即日帰国することができたのである。

NBCナイトリーニュースに出てくるような小物の麻薬密売人ではないことを忘れてはいけない。彼らは麻薬カルテルのトップであり、保釈金を払って米国を離れることに何の問題もなかったのだ。政府や大統領に根拠のない信頼を寄せている人たちは、これは単なる事故に過ぎないと信じたいかもしれないが、何百件もの同様の事件が起きている中で、どうやって政府を信頼できるのだろうか？どうやら、疑っているのは私だけではなさそうだ。元関税庁長官のウィリアム・フォン・ラーブ氏はかつて、「自分の部署は、主要な麻薬密売人の追及よりも、オウムの密輸事件の方に関心がある」と語っている。

フォン・ラーブ氏は、メキシコ政府全体を腐敗していると非難し、議会の毒牙にかかったことがある。フォン・ラーブ氏の深刻な告発を裏付けるような事実と状況である。メキシコは、自国のトップが麻薬取引に関与しているという告発に対して、「あなたの告発を調査するために証拠を出せ」と言うのが常套手段である。証拠提出の機会があるたびに、政府内の謎の勢力が介入し、その行動を妨害する。

その中に、サリナス・デ・ゴルタリ前大統領の記者団の一員であったヘクトル・アルバレスという人物がいた。アルバレスともう一人のフロントマン、パブロ・ジロンは、大手コカインバイヤーを装った潜入捜査官に、ボリビア産コカインの出荷をメキシコ経由で米国に移すよう

メキシコ政府に手配することができると告げました。ボリビア産のベースコカインを「購入」するための事前協議の最中だった。ジロン氏は、メキシコのポブラナ・シルボ将軍に直談判し、彼（ジロン氏）の電話をフォローアップしてもらうことになったそうだ。

ジロンは、サリナス・デ・ゴッタリと親しいとDEAの捜査官（宣誓している）に言った。また、税関の情報提供者は、アルバレスが次期大統領ゴルタリの警護を任務とするシークレットサービスの一員であると聞かされていたと宣誓している。この「購入」提案には、16トンのコカインが含まれていた。これは、スノーキャップ作戦とは全く別の話である。パナマでの話し合いの中で、パナマ担当のDEA捜査官アルフレッド・ダンカンは、マヌエル・ノリエガ将軍が「DEAの人間」であることを多くのDEAや税関捜査官に伝えていた。このことは、ワシントンのDEAのトップであるジョン・ローン氏からの手紙で少なくとも3回は確認されている。

アルバレスと関わった他の2人はボリビア人のラモンとバルガスで、彼らはボリビアで毎月200キロのコカインを定期的に生産するコカイン実験室を所有していた。結局、DEAの「買い手」である契約パイロットと税関職員がボリビア人の信用を得て、ボリビアのジャングルの奥地にある施設の視察に招かれることになった。その結果、彼らは唖然とし、驚きを隠せなかった。

747型機の滑走路が7本、地下には巨大な研究所や支援施設があり、重装備の軍隊に守られた驚くべき施設であった。彼らが関わった取引は、5,000トンのコカインを購入するものだった。しかし、スノーキャップが操業している間、DEAがボリビアの施設に近づいたことは一度もない。

諜報員がラモンとバルガスに「スノーキャップ作戦は怖くないのか」と聞くと、二人はただ笑っただけだった。

ラモンとバルガスが笑いに包まれたのは、それなりの理由があった。「スノーキャップ作戦」は官僚の悪夢であった。バルガスによると、ボリビアには間違った機材ばかりが送られ、そのほとんどが役に立たなかった。ボリビアでは、誰もスノーキャップ作戦に関心を持たなかった。スノーキャップに割り当てられた飛行機は、ジャングルの施設に到達するための航続距離を持たず、数少ないヘリコプターもこの任務には全く不十分であった。これも数ある「失策」の一つだったのだろうか。

私は、これが単なる官僚の不手際だとは思っていません。私が得た情報では、これらの「ミス」は意図的な妨害行為であったと思われる。一方、麻薬取締局の捜査官の火力は、「会社」の軍隊的な能力に及ばない。

1988年、DEAは「スノーキャップ作戦」に1億ドルを費やした。その見返りは何だったのか。約1万5千キロの部分加工コカイン！？

これは、一見多いように見えるが、ザ・コーポレーションの生産能力に比べれば、ほんの一滴に過ぎない。この1万5000キロは、ボリビアのコカイン生産量の3カ月分にも満たないことを忘れてはならない。なぜ、あの秘密工作員がワシントンのみんなに懇願したように、もっと安い値段でコカインを買わなかったのか--
それはできたはずだ。

その答えは、完全に処理された大量のコカインだけでなく、ボリビアの「株式会社」のトップリーダー4人が手に入るはずの買い物に、DEAが金を出すのを拒んだからだ。また、これまで米国になかった、メキシコ政府が最高レベルで関与しているという証拠も得られたはずだ。

- なぜ、DEAは支払いを拒否したのか？
- サンディエゴの検事補は、ジロンが電話でコカインの大量購入に関与しようとしていたメキシ

コの将軍ポブラノ・シルバにつながる盗聴を、なぜ認めなかったのでしょうか？

- 司法長官エドウィン・ミースは、なぜメキシコの司法長官に電話して、ボリビアでの大規模なコカイン流通計画にポブラノ・シルバ将軍を巻き込むことになる、来るべきDEAの作戦について警告したのでしょうか？

- 税関長官William von RaabがMeeseの電話警告に嫌気がさして辞任したと報じられた-コロンビアでの「麻薬との戦い」はどうなる？

この国でアメリカはどうなっているのか？その答えは、コロンビアでは、この国の「麻薬戦争」だけに何百万ドルも注ぎ込まれているにもかかわらず、地球上のどこよりもはるかに悪いことをしてきたということだ。G.H.W.ブッシュ大統領は、コロンビアで何も重要なことはしていない。1991年2月25日、コロンビアのセラ・ガビリア大統領は、政府が麻薬密売人とそのテロリストの友人たちと和平協議を行うことを宣言した。

いわゆる「和平イニシアチブ」は、コロンビアの麻薬王の要求に全面的に屈したものに過ぎないのだ。米国への身柄引き渡しの話はもうないだろう。これは、ガビリアが5日間ワシントンを訪問し、ブッシュ政権がコカイン王への屈服を是認した結果であった。ブッシュはこの計画を「勇気ある、英雄的な」ものと呼んだ。長年かけて集めた麻薬王の証拠も、今では何の価値もありません。

ボビー・シールなどは、無駄死にだった。ブッシュ政権の承認を得て、M19ゲリラ（FARCとELNのテロリスト）と彼らのコカインのボスは、コロンビアの新憲法制定に取り組む33人の代表団を完全に掌握していた。合計で約77名の代表者がこの任に就きました。

コカイン男爵は公然とDEAと米国税関をあざ笑っているが、それも無理はない。彼らは今、コロンビアで運動会をしている。無力な政府はもちろん、ワシントンからもほとんど恐れられていない。私が受け取り、スペイン語から翻訳した1992年2月18日付の新聞「エル・スペクタクル」によると、この新聞はガビリアとブッシュの屈服に対して十分な勇気を持って発言している唯一の新聞のようである。

脅迫と犯罪の圧力の下で、国家は人命を守るという基本的な責任の行使を控え、国家の存在そのものを支える法原則を一つ一つ交渉していくことに同意するのです。

存在しない「麻薬戦争」で勝利を収めたというブッシュの主張は誤解を招く。もし、この問題がそれほど深刻でなければ、行政の統計は悪い冗談のようなものだ。2004年2月、ブッシュ政権は、ホワイトハウスの新ドラッグボス、元フロリダ州知事のボブ・マルティネスが作成した「国家麻薬統制戦略報告書」を発表した。マルティネスは、ウィリアム・ベネットがソーンバーグ司法長官との戦争に敗れた後、この職に就いた。これは、取り巻きに仕事を与える何千ものケースのひとつに過ぎない。

G.W.H.ブッシュの息子で、ジョージ・W・ブッシュの弟でもあるジョン・エリス・ブッシュ前知事（ジェブ・ブッシュ）は、マルティネス前知事のスタッフとして商務長官を務めていた。ジェブ・ブッシュは、実は表面化しない大きな問題を抱えていた。ニカラグア政府にコカインを売ったという彼の名前は、ノース中佐が信じなかった報告書に書かれていた--
そして何とか隠蔽した。ブッシュの深い欠陥のある文書は、ごまかしの統計に満ちている。DEAの捜査官は内々に「完全なゴミ」と呼んでいる。

ジョン・ローンがまだDEAのトップだった頃、レーガンが「麻薬との戦いは曲がり角に来た」と宣言したことを

、彼とそのエージェントたちは大いに面白がっていた。ジョン・ローンはいなくなったが、この騒動の記憶は残っている。ブッシュ政権は、コロンビアが　　　"麻薬撲滅"のために行った6千5百万ドルの緊急援助を誇らしげに指摘した。

コロンビア国家警察のミゲル・ゴメス・パディージャ少将は、送られた資材は間違ったもので、援助物資は通常戦争には適しているが、「我々が戦っているタイプの戦争では」全く役に立たないと述べた。

アメリカはそんなにバカなのか？そんなことはないだろう。むしろ、コロンビアの援助物資の件は、意図的に計画された妨害行為であった可能性が高い。

コロンビアの麻薬戦争を20年も経験していれば、どんな装備が必要なのか、政府には十分な知識が蓄積されていると想像される。薬物戦略報告書には、薬物の入手可能性や使用確認者数に関する情報はなかった。また、最も重要な問題である、麻薬取締官が最も成功する可能性の高い戦術として長年提唱してきた使用者の追求についても触れなかった。

アメリカ政府が麻薬の使用量の大幅な増加について多くを語らないのは当然だ!37の州で主要な換金作物となったマリファナ、この「ビジネス」をどうやって止めるのか？アメリカで「シンセメリア」という種がなく、強力で高品質な大麻が栽培されるようになったら、どうなるのか興味深いところだ。

コカインの価格が金の価格（1キロ5000ドル）を超え、ヘロインの価格が同重量の金の6倍である以上、少なくとも上層部の腐敗が麻薬組織の階層全体に広がれば、麻薬取引を根絶することは不可能である。

DEAは紛争が絶えない。1973年、ニクソン大統領が麻薬・危険物局と税関の対立を避けるために作ったものだが

、現在、税関とDEAの間には以前にも増して嫉妬や対立が見られるようになった。モラルは存在しない。これからどうするのか？もう一回再編成しても、何も変わらない。この問題にトップダウンで取り組まない限り、米国への麻薬流入を食い止めるためのあらゆる努力は挫折し、失敗に終わるだろう。本当の戦争には、国の最高権力者を徹底的に叩かなければならない。誰がこの仕事を引き受けるのか見当もつかないが、大胆不敵なリーダーが必要なのは確かだ。

政権はコントロールを失い、国内の薬物問題の程度を知らないのです。薬物乱用警告ネットワークによると、ブッシュ政権が主張するように過剰摂取は減少していない。病院の予算が大幅に削減され、過剰摂取のケースを監視するのに必要なスタッフを雇用する資金がないため、過剰摂取が報告されていないのである。

パナマはどうだろう？ノリエガ将軍の誘拐で、麻薬取引に安全な領土になったから？1982年、米国財務省の統計によると、パナマ国立銀行がドルの流出入を500％近く増やしたことを報告したことを思い出す。その年だけで、約60億ドルの未申告金が米国からパナマに流れたという。私の情報では、ノリエガ将軍が誘拐されて以来、パナマ国立銀行は記録的なキャッシュフローを達成しているそうです。ブッシュ政権が心配するはずのことだが、ホワイトハウスからは、ほとんど心配する気配がない。

パナマの銀行機構は、ニコラス・アルディート・バレッタによって設立されました。バレッタは、以前マリン・アンド・ミッドランド銀行を経営していたが、麻薬銀行家の銀行である香港上海銀行に買収されたため、受け入れられることになったのである。バレッタは、非常に大量の麻薬の現金を扱うために必要なすべての経験を持っています。ブッシュ政権がノリエガ将軍の処分に乗り出したのは、ノリエガがバレッタと敵対していた時だった

。

自由貿易」という偽りの名のもとに、米国で入手可能な
薬物の量は驚くほど増えている。コカインは今ほど安く
、簡単に手に入るものではありませんでした。自由貿易
」の最も重要な推進者の一人がモン・ペレラン協会であ
る。多くの右翼的な愛国者たちが、いまだにこの組織に
誘惑されているのは非常に残念なことです。

私は、麻薬取引によってもたらされる恐ろしい脅威に対
する答えを知っているふりをするつもりはない。なぜな
ら、私がこの本を書いている間にも、強力な勢力がアメ
リカ国民に、薬物問題の解決策は薬物の合法化であると
説得しようとしているからである。そんなことは少しも
思っていない。薬物使用を合法化すると、イギリス東イ
ンド会社が中国をアヘン中毒者の国にしたように、アメ
リカは薬物中毒者の国になる。結局のところ、イギリス
東インド会社の子孫と、その青臭いヤンキーたちが牛耳
っているのだ。麻薬戦争」に関しては、それは起こらな
かった。これまでも、そしてこれからも、偽りの対麻薬
戦争は続くのです。

パナマ・アンダー・シージ』は、私がこれまで書いた中
で最も重要な、麻薬取引に関するトップダウン式の暴露
記事である。残念ながら、タイトルが内容をほとんど語
っていないためか、注目されることはなかった。ブッシ
ュの麻薬戦争が偽りの戦争であったことを納得させる必
要があるなら、次の章を読んでください。パナマの麻薬
戦争は、ここ米国と同様、存在しないことがおわかりい
ただけると思います。アメリカ国務省には、独自の麻薬
情報局がある。

定期的に、「麻薬との戦い」の成果についての輝かしい
報告書を発行している。パナマに関する国務省の報告書
は、ブッシュ政権の偽善の典型である。国務省は報告書
の中で、どの国が麻薬撲滅のために「認定」されたかを

示し、その国はそのためにアメリカ政府から資金を受け取ります。最近では、パナマが麻薬撲滅国家として「認定」され、米国から手当てを受けることができるようになった。実は、ノリエガ将軍を強制的に排除して以来、パナマは麻薬密売人とそのマネーロンダリング銀行の天国と化しているのである。しかし、国務省のテキストには次のように書かれています。

> "ノリエガ将軍を追放した軍事行動の後、パナマは麻薬撲滅のための国際的な取り組みに参加しました。"

エンダラー政府はマネーロンダリングに対して重要な措置を講じ、記録的な麻薬の押収を行い、米国政府と重要な麻薬管理協定を締結しています。

これは全くナンセンスな話だ。この極めて欠陥の多い報告書は、ブッシュの麻薬戦争が無価値であることを証明しており、何年も前から考えてみれば、それが嘘であることがさらに明白になるのである。レバノンのベッカ谷でのシリアの麻薬密売とヘロイン精製を止めるために何もしなかった。数年前、イスラエルからの苦情（麻薬密売とは関係なく、安全上の問題で）により、シリア軍がベッカ谷から撤退するまでだ。

# 第4章

## 四面楚歌のパナマ

パナマは、アメリカの国家安全保障と商業的利益にとって極めて重要な地域であるが、そこで何が起きているかを十分に理解するためには、香港を中心とした麻薬取引に立ち戻る必要がある。イギリスが香港をヘロインの積み替え地にして以来、香港はテレビと繊維の中心地という一般に知られたイメージとは裏腹に、重要な都市となった。

もし、香港が普通の取引の中心地であったなら、金市場は活況を呈していなかっただろう。しかし、イギリスの古い貴族や寡頭制の家系は、ベンガルから中国へアヘンを運んで財を成した。そして、その支払いは常に金であった。

イギリスとアメリカ東部の連動した古いリベラルなエスタブリッシュメント一族、そしてウォール街の由緒ある法律事務所、銀行、同族経営の証券会社、投資会社のネットワークは、中国や、より少ない範囲ではあるが、西欧諸国と同じことをアメリカに行ったのである。アメリカのコカイン「取引」がヘロインを追い越すようになると、パナマは世界初の安全な銀行地帯となり、巨大な現金の波が流れ込むようになったのである。

ハリウッドの人々は、コカインを「娯楽用麻薬」とし、その使用を広めた。ちょうど彼らが「轟音の20年代」に、カナダからアメリカに流れたブロンフマンの酒を飲む

流行をフィクションで表現して密造ウィスキーを賞賛したのと同じように。昔の酒屋が、今の麻薬王になったのだ。流通と隠蔽の仕組みがより洗練されたことを除けば、何も変わっていない。トンプソン機関銃も、私たちが赤面するような派手な服を着たマフィアも、もういないのです。ロンドン、ニューヨーク、香港、ラスベガスの役員室や高級クラブ、ニース、モンテカルロ、アカプルコのバーで、エレガントなイメージを醸し出しているのである。オリガルヒは、宮廷の使用人とは常に慎重な距離を保ち、アンタッチャブルで、宮殿と権力の中で平穏に過ごしている。

プロトコルは殺人事件と同じように残っている。コカインマフィアは、自分たちを裏切ったと思った人間を「処刑」する、つまり独自の方法で殺害する習慣がまだ残っているのだ。被害者は下着を剥がされ、両手を縛られ、目隠しをされ、左側頭部を撃たれる。これはコカインキラーの "トレードマーク"であり、金や薬を持って逃げようとしたり、自分で商売をしようとしたりしないようにという警告なのだ。暗殺者の銃弾から逃れることができた賢い者は、当局に報告されるだけである。

麻薬の摘発と称するもののほとんどは、大手麻薬業者から独立した新しい業者を廃業させるために提供された情報によるものである。元パナマ国家警備隊長でマヌエル・ノリエガ将軍の敵を公言していたルーベン・ダリオ・パレデス将軍の25歳の息子が、コカインキラーに「着服」されてコロンビアの墓で息絶え、左こめかみに弾痕があることがわかったように、「ボス」が奪われるとハイレベルな保護が必ずしも機能しないのである。

コカインカルテルのボスの怒りからは、父親の地位でさえも彼を守ることはできない。中国政府がアヘンやヘロインのパイをより大きくしようと強く迫り、香港の有利

な金やアヘン貿易の管理強化を要求したため、英国高官たちはパナマを彼らの銀行業務の「代替地」として宣伝し始めたのである。パナマが香港に取って代わることはない。現実には、香港はアヘンやヘロインの取引を、パナマはコカインの取引を管理しているが、両者は大きく重なっている。

読者の皆さんは、ここで私が何を言っているのか理解してください。期待に応えられない会社のことではなく、たとえば「いい会社」のゼネラルモーターズのように、ときどき大赤字になる会社のことです。いや、毎年必ず巨額の利益を上げ、「投資家」の期待を裏切ることのない巨大な存在についてだ。

2007年、海外での麻薬取引は年間5000億ドルを超え、年々増加しています。2005年のDEAの試算では2000億ドルであり、比較的小さな「投資」としては悪くない「伸び率」である。この巨額の現金は、各国の法律の枠外に置かれたまま、平然と国境を越えていくのです。麻薬の取引は「密造酒」のような形で行われているのでしょうか？[3]不吉な顔をした男たちは、100ドル札を詰めたスーツケースを持って旅をするのだろうか？

しかし、麻薬取引は、国際銀行とその提携金融機関の自発的かつ意図的な協力があって初めて成立するものである。というくらいにシンプルです。麻薬銀行を閉鎖すれば、麻薬取引はなくなり、法執行機関は、麻薬王が必死で、彼らにとって危険な代替手段を使わざるを得なくなるため、公然たる場所に追いやられることになるのだ。つまり、ネズミの穴を塞げば、ネズミを駆除しやすくなるのです。時々あるように、薬物関連の逮捕者が出て、大量の麻薬が当局によって押収されるのは喜ばしいこと

---

[3] "Smuggling "または "Clandestine trade"、Ndt.

ですが、これは総量に比べれば、ほんの一滴にすぎません。それらは、「未登録」の競合他社の情報の結果である。このような「ヒット」は、ことわざの氷山の一角に比べれば、はるかに少ない。そして、ほとんどの小国よりもはるかに高度な民間情報システムのおかげで、大物麻薬王とその銀行家は通常、法執行機関の数歩先を行っているのだ。

中世の黒死病よりも文明に大きな危機をもたらす麻薬の脅威とうまく闘う方法は、世界中の大理石のロビーや美しく装飾された銀行のロビーにあるのだ。最も難しい角度から問題にアプローチしています。私たちは、資金提供者ではなく、運営者を捕まえるようにしています。英国の銀行は、ヘロイン取引と密接な関係にあるダイヤモンドや金の取引を支配したように、何世紀にもわたってオフショア薬物取引を支配してきた。

ヴィクトリア女王が当時（1899年）世界で最も強力な軍隊を送り込み、南アフリカの二つの小さなボーア共和国を潰したのは、その金とダイヤモンドを支配下に置くためである。香港のヘロイン取引は、今でもその資金を主に使っている。結局のところ、金やダイヤモンドは無個性なのです。

そのため、エリザベス女王は、政策上の問題でサッチャー夫人と最もよく対立していたのである。女王は、南アフリカ政府とその反麻薬の姿勢をなくしたいと考えていたのです。女王は、ローデシア（現ジンバブエ）で女王のために働いているファーホップ氏を派遣し、現地の運営にあたらせようと考えた。ファーホップとは、彼女のいとこであるアンガス・オギルビーを通じて大株主である巨大コングロマリット「ロンリホー」を運営するクーリエ、通称「タイニー」・ローランドの本名である。ある意味、南アフリカもパナマも同じ理由で四面楚歌の状態であった。

南アフリカでは、金とダイヤモンドの国庫が寡頭制貴族に乗っ取られるのを防ぎ、パナマの場合は、貴重な銀行機密がノリエガ将軍によって引き裂かれるのを防いでいた。権力者たちは、このような挫折をものともしない!パナマで何が起きているかを知るために、DEAは1日に約3億5千万ドルがテレタイプの銀行送金で動いていると見積もっている。これを「インターバンクマネー」という。銀行間の資金の約50%は麻薬取引からもたらされ、ケイマン諸島、バハマ、アンドラ、パナマ、香港、そしてこの膨大な資金の流れを管理するスイスの銀行へと流れていくのです。麻薬取引の結果として、私たちは「変動相場制」という重荷に直面することになりました。

固定相場制では、一日に世界中で固定平価のもとで行われる膨大かつ急速な資金の移動に対応できるわけがないのだ。経済学者」は、「変動相場制」という政策を承認したとき、私たちに偽りの約束を売りました。そして、本当の理由、つまり汚れたお金の膨大な流れを隠すために、あらゆる種類の経済専門用語を作り出しました

このように多くの資金がパナマで流通しているため、厳格な銀行機密保持を任せられる資産をパナマに持つことが必要だったのだ。DEAの試算では、アメリカ国内だけで年間30億ドルが消失し、パナマに流れ着くそうです。東部リベラル派の「マフィア弁護士」であるクーデター兄弟は、「オリンピアン」の信頼厚いメッセンジャー、ソル・リノヴィッツに仕事を依頼したのだ。彼はオマール・トリホス将軍を作り、「パナマの民族主義者」としてアメリカ国民に紹介し、売り込んだ。彼の「Made by David Rockefeller」スタンプは、大多数のアメリカ国民には注意深く隠されていた。

デニス・デ・コンシーニやリチャード・ルーガーのような上院の売国奴のおかげで、パナマはアメリカの納税者

に何百万ドルもの負担を強いて、トリホス将軍の手に渡ったのである。しかし、トリホスは他の多くの人間と同様、すぐに「創造主」が誰であるかを忘れてしまい、オリンポスの神々は彼を現場から排除せざるを得なくなった。トリホスは1981年8月、正式に殺害された。どうやら飛行機事故で亡くなったようだが、これはアリストテレス・オナシスの息子に降りかかった「事故」と非常によく似ている。

それは、何者かが翼のフラップの仕組みを変え、着陸時にフラップを下げると、実際に飛行機が上に飛ぶようにしたのである。トリホスは、もともとキッシンジャーが選んだ人である。彼が、与えられた傀儡ではなく、パナマの「民族主義者」としての役割を真剣に考え始めたとき、彼は去らざるを得なくなったのだ。キッシンジャーは、レーガンのもう一つの公約違反である、大統領の中央アメリカに関する超党派委員会の責任者に任命されたのである。これで、パナマのグリップは強くなった、そう思った。

トロイの木馬の目を通してパナマを見なければならない。つまり、キッシンジャーのアンデス計画で見た中米を、何千人もの米軍の狩場として見なければならないのだ。キッシンジャーの命令は、この地域で再び「ベトナム戦争」を始めることだった。パナマは計画の中心だった。しかし、Torrijosには別の考えがあった。彼は、真の産業発展を通じて地域の安定と貧困の解決を目指すコンタドールグループへの参加を希望していた。今、私はコンタドーラにコミットしているわけではなく、彼らとは違う部分がたくさんあります。しかし、コンタドーロ夫妻が、ジャマイカのガンジャ経済と同じように、中米で計画されている麻薬経済との戦いに尽力していることは否定しようがない。

この「自由貿易」の考えを支えているのは、ベネズエラ

のシスネロスやベネチアのチーニ財団など、モンペラン協会のメンバーである。このため、またパナマのロックフェラー銀行システムを非難すると脅したため、トリホスは「永久固定化」、つまりシークレットサービス用語で「暗殺」されることになった。

先ほども言ったように、ハリウッドが好んで描くような、小口のドラッグディーラーやストリートディーラーの話ではない。大銀行や金融機関、上層部の人間、キューバのような麻薬王を支援・匿う国、コロンビア共和国という国全体を屈服させるほど強力でパワフルな組織など、さまざまです。

私は、麻薬戦争を妨害するアメリカ国務省の共犯関係について書きます。この脅威に対するナンシー・レーガンの信じられないほど愚かな「Just Say No」対応について書くことにしよう。今と比べれば、フレンチ・コネクションに流れたヘロインの量など微々たるものであった。しかし、リチャード・ニクソン元大統領が、米国における薬物の脅威にしっかりと対処した唯一の大統領であったという事実を決して見失ってはならないのです。麻薬取引にトップダウンで取り組むという横柄な態度が災いし、ウォーターゲート事件で罷免され、恥をかかされ、嘲笑され、恥をかかされ、後に続く者への教訓と警告となったのだ。それに比べれば、レーガン大統領の「麻薬戦争」は、手首をひねるだけでよかったのです王立国際問題研究所を設立した「サークル・オブ・インサイダー」は、その方向性を変えてはいない。繰り返しになるが、麻薬取引は、この内部秘密結社の会員である、アルフレッド・ミルナー、グレイ、バルフォア、パーマストン、ロスチャイルドなど、アメリカの社会ピラミッドの頂点に立つ人たちの血縁関係にある子孫や家族によって、しっかりとコントロールされているのだ。

彼らの銀行もアメリカの銀行も雑魚ではない。実際、小さな銀行は、米国財務省が自発的に、あるいはその他の方法で支援し、淘汰されてきたし、されつつある。特にフロリダでは、1977年以降、スタンダード銀行やチャータード銀行、ハポラム銀行など、汚れた麻薬資金の洗浄に関与していることで知られる大手銀行が、「行動」の場であるフロリダに移ってきていることがわかる。そして、「大物」たちは、独立系の小さなコカインディーラーが使っている小さな銀行を糾合し始めたのである。麻薬の独占企業は、非常に効果的な情報網を持っていることを忘れてはならない。財務省は小さな銀行を追及したが、大きな銀行は放置した。何度かあったことだが、大銀行が摘発されると、最大限の寛容な処置がとられる。

このことは、ジュネーブのクレディ・スイスとボストンのファースト・バンクの事例が物語っている。ボストンで最も由緒ある銀行が、クレディ・スイスと共同で麻薬資金の洗浄を行ったことが発覚したのだ。ファースト・ナショナル社に対しては、約1,200件の個別の起訴状が提出されている。司法省は告訴を一本化し、銀行はわずか500ドルの罰金で済んだのですクレディ・スイスは、司法省や財務省から訴追されていないのですクレディ・スイスは、銀行界の「アンタッチャブル」であるアメリカン・エキスプレスに次ぐ、最大かつ最も効果的なマネーロンダリングバンクの一つであり続けています。

このほか、ナショナル・ウェストミンスター銀行、バークレイズ銀行、ミッドランド銀行、カナダロイヤル銀行などが、麻薬資金の取引に関与していた。カナダロイヤル銀行とナショナル・ウエストミンスター銀行は、デビッド・ロックフェラーが提唱した「カリブ海流域構想」の一環として、カリブ海の島々の麻薬王たちのための主要な麻薬銀行であった。キッシンジャーはIMFを通じて、ジャマイカに「自由業」のガンジャ（マリファナ）栽培を命じた。ガンジャは現在、ジャマイカの外貨収入の

ほとんどを占めている。同じことがガイアナでも起こり、そのためにジム・ジョーンズはガイアナに移住した。ただし、ジョーンズは自分のハンドラーの真の目的を知らなかった。ヴァカヴィル型の大規模な洗脳実験において、ジョーンズは目的を達成することはなかった。彼は、誰が自分の糸を引いているのか、まったく知らないまま死んでいったのです。

ジャマイカは麻薬資金で生活している国のひとつに過ぎない。エドワード・シアガは、ジャマイカのトップだった頃、ワシントンポストなどのアメリカの新聞に、「この業界は、受け入れられるかどうかは別として、これからもずっと続いていく」と堂々と語っていた。それは単に根絶することができないのです。私は、「ここにいる」という表現に何の抵抗もありません。ロックンロールの「音楽」を媒介に、「娯楽用麻薬」が蔓延し、最高レベルで保護され、麻薬取引は確かに残る運命にあるようだ。

淘汰されないとは言い切れない。私の考えでは、撲滅計画の第一歩は、その主要な銀行を攻撃し、カセット、レコードなどあらゆる形態のロックンロール音楽の販売とロックコンサートの宣伝を、重い実刑判決で罰する犯罪とする法律を成立させることであろう。

イランとイラクの「肉弾戦」の影響で、ジアセチルモルヒネの原料となるヘロインの販売が急増している。この取引の収益のほとんどは、先に述べた香港との「重なり」であるパナマの銀行に流れ込んだ。

イランには公式に260万人のヘロイン中毒者がおり、そのうち150万人は軍隊に所属している。軍隊では中毒になった兵士がオンデマンドでヘロインを入手できる。イギリスの寡頭政治は、南北戦争（War Between the States）の際にも同じ作戦を試みたが、成功しなかったことが思い出される。ヘロインマネーは湾岸戦争を煽った

だけでなく、ジョージ・シュルツがアフリカ民族会議（A
NC）、バスク分離主義者（ETA）、アイルランド共和国
軍（IRA）、シーク分離主義運動、クルド人などの殺人者
を表すのに使った言葉「自由の戦士」の衣装をも煽る。
アヘンやコカインの販売で得た資金は、世界教会協議会
を通じてこれらのテロ組織に流れている。

以上のことから、なぜパナマが一国超党派勢力にとって
重要なのかがわかる。パナマの銀行システムは、デビッ
ド・ロックフェラーによって、麻薬取引の資金を預ける
のに便利な銀行として設立されたものである。パナマは
コカインのバンキングセンターに指定され、香港はヘロ
インとアヘンのセンターであり続けました。パナマの銀
行システムは、ロックフェラーの計画に従って、世界銀
行の元理事で、麻薬銀行の王様である香港上海銀行に買
収されたマリン・ミッドランド銀行の取締役だったニコ
ラス・アルディート・バレッタによって再編された。バ
レッタが受け入れられたのは、「立派」というイメージ
と大量の麻薬資金を扱った経験があったからである。198
2年、財務省は、パナマ国立銀行が1980年から1984年の間
にドルフローを約500％増加させたと推定している。その
4年間だけで、約60億ドルの未申告金が米国からパナマに
流れた。

麻薬王との全面戦争を行ったペルーのアラン・ガルシア
前大統領は、1998年9月23日にこのテーマで国連で演説し
、麻薬との戦いにおけるペルーの成功と勝利を挙げまし
た。続けて、こう言った。

> だから、私たちはアメリカの政権に、もし50日間でそう
> したとしたら、グランドセントラル駅やその他多くの場
> 所で倒れている個人の人権に対して何をしているのか、
> 消費を根絶するために法的にもキリスト教的にもいつ戦
> うのか、と問うかもしれない。

ナンシー・レーガン夫人の回答は「Just　　　　　　　Say

No」だったが、それは、麻薬の惨劇を根絶するために米国ができることをはるかに下回っているというガルシア大統領の暗黙の告発に対する回答にはならない。しかし、いわゆる「経済学者」の多くは、いまだに「自由貿易」の名の下に、この下劣な取引の合法化を求めているのである。

その中には、「自由貿易」論を推進する、いわゆる保守派の組織であるモンペラン協会のメンバーであるディエゴ・シスネロスも含まれている。1961年8月、オマール・トリホスが暗殺されると(彼はヘンリー・キッシンジャーの命令を無視することを選び、単独行動を強く示唆したために殺された)、強権者のルエベン・パレデス将軍がパナマを支配することになった。しかし、1981年2月、パナマの内政に干渉しているとして、アメリカ大使を追放すると脅したのが間違いだった。キッシンジャーは、パレデスにメッセージを伝えた。

パレデス将軍は、中米を米軍のもう一つのベトナムとするキッシンジャーのアンデス計画を突然支持し始め、コンタドーラの政策への支持を放棄するという驚くべき「アバウト・フェース」を行った。欠点も多かったが、コンタドーラグループは、キッシンジャーの中米における「トロイの木馬」を根本的に意識し、この地域でベトナムのような紛争が発生するのを防ぐために活動したのであった。ヘンリー・キッシンジャーとアメリカ国務省は、パレデスを「パナマの民族主義者で、アメリカの強固な反共産主義の友人」と宣伝していた。

キッシンジャー大統領主催のワシントンD.C.訪問の際、パレデスはキッシンジャー大統領に付き添われていた。トリホス殺害から6ヵ月後、パレデス将軍が州兵の指揮を執ることになった。その後、パレデスは公然とコロンビアFARCのテロリストを賞賛し、地域の問題を平和的に解決しようとするコンタドーラの努力を妨害した。また、

ワシントンポスト紙やニューヨークタイムズ紙、そして驚くべきことにジェシー・ヘルムズ上院議員が、ノリエガ将軍にその地位を奪われたとされるパナマの指導者の正当な後継者として描いているアヌルフォ・アリアスとの友情を育むために、多大な努力を重ねている。不思議なことに、パナマ運河条約の公聴会の間、マスコミは、トリホスがアヌルフォ・アリアスの「正当な」地位を簒奪したことについて、何も言わなかった。アリアスは"ナチス"だからパナマの指導者にはふさわしくない、などという戯言が飛び交っていた。このような反ドイツのプロパガンダはコメントに値しない。

パレデスは、25歳の息子と他の2人のパナマ人の「ビジネスパートナー」が、オチョアとエスコバル一族の手先によって、コカインマフィア風の無慈悲な処刑を受けたにもかかわらず、麻薬王とその銀行ネットワークに忠実であり続けました。パナマの支援を失ったことは、コンタドーラの志に打撃を与えた。それは、パナマが、キッシンジャーのビジネスパートナーであった故アリエル・シャロンと地元指導者の間で結ばれた協定に基づきイスラエルが供給する武器も含め、この地域への武器販売の資金調達のための「開かれた」拠点であり続けることを意味した。

キッシンジャーが得意とする脅しに加え、IMFがパレデスを脅迫する役割を果たしたのだ。私の情報筋によると、キッシンジャーは、パレデスが主人と仲違いした場合、パナマの3億2000万ドルの債務を再構築するIMFのスタンドバイ協定は無効となるかもしれないことを知らしめた。パレデスは「メッセージを受け取った」。IMFは直ちにノリエガ将軍との戦いを開始し、彼は1986年3月22日のテレビ演説で、IMFはパナマの首を絞めているとパナマ国民に告げたのである。

エリック・デルビル大統領は残念ながらIMFの緊縮財政を支持したが、これは組合によるノリエガへの支持を弱めるためのものであった。労働組合連合会CONATOは、IMFの指示を無視しない限りノリエガ将軍と決別すると脅し始めた。

マヌエル・ノリエガ将軍は、まだノリエガ大佐であったが、パナマの反麻薬局のトップとして、昼と夜のように確実に麻薬資金に付きまとう腐敗からパナマ国軍を守るために10年間闘い続けた。オチョアとエスコバルの両ファミリーがパナマを事実上支配している以上、これは並大抵のことではなかった。ノリエガの麻薬戦争は、麻薬取締局（DEA）のトップであるジョン・C・ローンによって確認されている。ローンは、華美なスピーチや祝辞を書くことは得意ではなかった。そのため、ノリエガ将軍に宛てた手紙には、賞賛の声が多く寄せられている。

以下は、その手紙の書き方や文体を代表する部分を抜粋したものです。

> この場をお借りして、貴殿が採用された精力的な麻薬密売防止政策に改めて深く感謝申し上げます。この政策は、告発された密売人のパナマからの多数の追放、パナマで行われたコカインと前駆物質の大量押収、パナマ領内での大麻栽培の撲滅などに反映されています。

ワシントンポスト紙もニューヨークタイムズ紙も、ペルーの新聞に掲載されたこの賛辞を転載することは適切ではなかった。DEAとジョン・C・ローンについては、その中心的な重要性があるので、後ほど話を戻すことにする。

ワシントンポスト紙はこの素晴らしい証言に対抗して、いわゆる「情報専門家」であるシーモア・ハーシュの真偽不明の記事を掲載した。彼は、ノリエガ将軍はCIAの「二重スパイ」で、キューバから得た情報をCIAに与えていると主張する記事を書いた。これは、真のインテリジェ

ンスの専門家のよく知られた手口である。この「暴露」の狙いは、キューバの諜報機関DGIの刺客を扇動して、ノリエガ将軍を「キューバを倍返しした」という口実で暗殺させることだろう。そうすれば、もし暗殺計画が成功しても、キッシンジャーとバンカーの一味の注意をそらすことができる。ハーシュの情報や説明はあまり正確ではないことが多く、ノリエガ「情報公開」は、ノリエガ将軍の暗殺を企てた可能性のある罠であったと見るべきだろう。

ノリエガは、わずかな戦力を駆使して反撃に出た。しかし、麻薬取引に対するいかなる行動も危険であることに注意しなければならない。

パナマは、強力な敵がどのような対抗措置を取ることができるかを示す例である。カリブ海とパナマでは、クーデルト・ブラザーズ法律事務所とソル・リノヴィッツからなるコンソーシアムが、麻薬撲滅のために立ちはだかったのです。このコンソーシアムの他のメンバーは、フィデル・カストロ、デビッド・ロックフェラー、ヘンリー・キッシンジャー、国際通貨基金（IMF）のほか、多くの大手銀行や米国国務省などであった。キッシンジャーのアンデス計画はノリエガ将軍によって阻止され、彼は反麻薬の姿勢で非難を浴びることになった。パナマ事件の結末は予想通りだった。ロックフェラーのカリブ海構想は、年間350億ドル以上の麻薬帝国をフィデル・カストロに譲り渡すことに等しいが、カストロは戦わずしてそれを手放すつもりはなかった。

コロンビアでは、デビッド・ロックフェラーとキッシンジャーが「国家の中の国家」を作り、カルロス・レデラーが-逮捕されるまで-
事実上国全体を支配するオチョアとエスコバル一族の王者であった。ボゴタの中心部では、市内の判事の半数が、FARCとも呼ばれる麻薬王の私設ゲリラ軍団MI9によっ

て処刑された。

この襲撃は、コロンビアを無感覚の恐怖に陥れる、まさにアナーキーな行為だった。まさに革命ともいうべきこの熱狂的な活動の背景には何があったのか。カリブ海やパナマのオフショアヘイブンに流れ込む、波打つようなマネーである。DEAは、1980年から2006年の間に、コロンビアだけで390億ドルの現金が蓄積されたと推定している。DEAと財務省は、パナマがコカイン世界の銀行の中心地になっていると考えており、その評価には異論はない。1982年、財務省は、国立パナマ銀行が麻薬資金の主要な決済機関となっており、1980年から1988年の間にその資金量は6倍になったと報告した。

パナマは、ノリエガ将軍が権力を握るまでは、麻薬密売の大物たちが好んで集まる場所でもあった。ロペス・ミケルソンは、コロンビア政府が麻薬ファミリーの地位を「合法化」すれば、コロンビアの対外債務をコカイン収入で返済すると提案し、パナマから極めて自由に活動し、ホルヘ・オチョアやパブロ・エスコバルとしばしば会っていた。これらのコロンビア麻薬カルテルの有力メンバーは、1974年から1976年までコロンビアの財務大臣だったロドリゴ・ボテラ・モントヤと取引を行い、中央銀行に「オープン・ウィンドウ」を設置し、当局と何の問題もなく麻薬ドルを自由に交換できるようにしたことが知られている。この "窓"は一度も閉じたことがないのです。口語では "ventanilla siniestra"、つまり「不吉な窓」と呼ばれることが多い。この「窓口」を通じて、フィデル・カストロは巨額の米ドルを受け取っていたのである。

米国当局はBoteraの活動を知っていたのでしょうか？もちろん、そうだろう。Boteraは、権威あるアスペン研究所、フォード財団のメンバーであり、米州対話の元共同議長でもあった。彼は、ウォーターゲート事件でリチャード

・ニクソン大統領を迫害し裏切ったことで知られる、スィーヴなエリオット・リチャードソンとよく知られていた。しかし、ボストンのバラモン教徒であるエリオット・リチャードソン氏が、サイラス・ハシェミ氏の弁護士であったことは、あまり知られていない。ハシェミは、1979年のカーターとホメイニの武器取引における第一人者である。

リチャードソンはアンゴラ・マルクス主義政府の公式代表であり、法律顧問でもあった。また、ブリッジポートの不吉な施設で9人の精神病患者が謎の死を遂げ、現在も調査されていないというスキャンダラスな隠蔽工作にも大きく関与していた。リチャードソンと麻薬取引とのつながりは、彼が1961年にペルーのリマで設立に関わった麻薬推進ロビー「自由と民主主義のための研究所」を通じて見ることができる。

パナマの悲劇の展開に登場する名前が多いことから、関係する主な役者や機関、特にノリエガの敵は、以下のリストにあるように、多数で強力であったことを挙げるのが適切と思われる。

## アルビン・ウィーデン・ガンボア

麻薬王の運び屋だったこのパナマ人弁護士は、ノリエガの敵だったウィンストン・ロブレス、ロベルト・アイゼンマンの2人とともに、人権擁護の野党、人民行動党（PAPO）を結成しました。彼らは皆、パナマ国防軍に強く反対し、パナマの「代替民主政府」のメンバーとして、米国のジャッカルプレスや国務省から定期的に惜しみない賛辞を受けていた。

## Cesar Tribaldos

コロンビアのコカイン王のマネーロンダリングに深く関与してきた。ラ・プレンサ紙のオーナーでPAPOのメンバーであるロベルト・アイゼンマンとともに「市民十字軍

」運動のコーディネーターを務めていた。また、バンコ・コンチネンタルの取締役も務めた。

## リカルド トリバルドス

コカインの精製に使われる主要な化学物質である前駆体化学物質エチルエーテル（アセトン）を大量にパナマに輸入しようとした罪に問われている。リカルドは1984年、コロンビア人のオチョアとエスコバルがパナマに大規模なコカイン処理施設を開設するのを見越して、この事業を立ち上げたのだ。

## ロベルト・アイゼンマン

ロベルト・アイゼンマン氏は、『ラ・プレンサ』紙のオーナーで、当時はアメリカ国務省の有力者であった。パナマの「代替民主主義」政府の提案で重要な位置を占めた。アイゼンマンは、ホルヘ・ジェノアの主要事業の一つを解体し、1985年にパナマの銀行法に違反した第一インターアメリカ銀行を閉鎖したことでノリエガを憎みました。これには、アイゼンマン氏らも困惑している。

パナマ経済の8割を支配し、ニコラス・バレッタの改革によって「パナマのスイス」を築いた国際社会に対して、まさか本気のアクションを起こすとは誰も予想していなかった。そのため、ノリエガが麻薬取締局に情報を提供し、スペインでコカインの大物であるホルヘ・オチョアを逮捕した時には、麻薬密売人と銀行家のエリート集団は唖然としたものである。このような動きに、パナマの体制は揺らいでいた。

アイゼンマンはノリエガを激しく批判し、パナマの経済を破壊していると非難し、コカイン密売に関与しているとまで非難したが、実際にはアイゼンマンの方がコロンビアのコカイン王と密接に協力していたのである。アイゼンマンは、麻薬王、銀行家、弁護士、新聞編集者などのグループの一員であり、民主主義を支持するレトリッ

クは自分たちの痕跡を隠すためのもので、もし真実が明らかになれば、汚いコカインの資金洗浄に直結することになっただろう。12年間ノリエガ攻撃を指揮したアイゼンマンは、ノリエガ追放後の政権を意図した米国務省の第一候補であった。読者の中には懐疑的に見る人もいるかもしれないが、私の情報は確かな事実に裏付けられているので、どんなテストにも耐えられると確信している。1964年、アイゼンマンは、フェルナンデス・シンジケートがコカインとマリファナの資金源としていたマイアミのデイドランド銀行を買収した人物であることが暴露され、銀行は当然ながらDEAの捜査対象となりうるという証拠が示された。しかし、それは実現しなかった。

1984年に起訴されたフェルナンデス・シンジケートは、麻薬取引で得た多額の現金を銀行から借りた金庫に保管してからパナマに送金しており、裁判所の記録では、アイゼンマンのデイドランド・バンクの発行済み株式総数の大半をシンジケートが保有していたとされています。しかし、ノリエガが麻薬王と取引していると具体的に非難したのは、ウィーデン、アイゼンマン、フェルナンデスの3人である。フェルナンデスのシンジケートは、この宣伝の後、汚れた金をデイドランド銀行から、彼が利用した15のパナマ銀行の一つとして起訴状に名前があるバンコ・デ・イベロアメリカに移したのだ。アイゼンマン氏は後に、自分の経営するデイドランド銀行が麻薬資金の洗浄に使われていたとは知らなかったと宣誓している。

## カルロス・ロドリゲス・ミリアン

レデラー、エスコバル、オチョア兄弟の驚くべき運び屋は、宿敵ノリエガ将軍の密告によりDEA捜査官に逮捕されるまで、毎月200万ドルの給料を受け取っていた。彼の仕事は、バンク・オブ・アメリカ、ファースト・ボストン、シティコープなどへ、資金洗浄のために巨額の麻薬

資金を監督し、届けることでした。

1988年2月11日に行われた上院外交委員会の麻薬小委員会の公聴会では、ノリエガ将軍の名を中傷し、黒くするための議事進行が行われた。ミリアンは、ノリエガ将軍に不利な証言をするために、麻薬関連の事業活動で43年の刑期を終えた刑務所から連れてこられたのである。しかし、彼は議事進行を混乱させ、アメリカのいくつかの銀行に巨額の麻薬ドルを届けたことを明らかにして、委員たちを怯えさせた。彼の予想外の、しかも勝手に暴露したことは、アメリカのマスコミのジャッカルによって完全に隠蔽された。

## ジュリアン・メロ・ボルブア中佐

1964年にパナマの州兵を不名誉除隊したボルブアは、ノリエガに対抗するスター証人の一人となった。まだ国家警備隊にいたとき、彼はコロンビアのオチョア兄弟と出会い、仕事を与えられ、パナマのジャングルにあるダリエンにコカイン研究所を開設し、主にイスラエル製の販売用武器の安全な保管・輸送施設と安全な住居を確保し、これらの違法取引による金の流れを促進するために様々な銀行との取り決めをするために500万ドルを支払いました。このプロジェクトに関わった同胞は、パナマにエチルエーテルを輸入しようとして起訴されたリカルド・トリバルドスと、ガブリエル・メンデスという人物である。

トリバルドスとメンデスは、ノリエガの部下が大量のエチルエーテル酸の出荷を破壊し始め、大規模なコカイン実験室を突き止めて破壊したとき、自分たちが逃亡中であることを知った。トリバルドス、メンデス、ボルブアは、非公開の人物の指示の下、パナマからの大規模な資本逃避を計画した。

この計画は、軍隊に対する攻撃と中傷、そして可能なら

ノリエガを暗殺するというものであった。しかし、その前にパナマ国防軍（PDF）がこの計画を発見し、3人組を逮捕した。メンデスとトリバルドスは麻薬売買の罪で起訴され投獄されるが、パナマの裁判所から不審な状況下で釈放される。ボルブア氏は、名誉のうちにPDFから解雇された。彼らは皆、ノリエガ将軍を追放するために設立された「市民十字軍」戦線の活動メンバーになった。

## 市民運動

アイゼンマンとその仲間たちによるこの戦線は、ノリエガ将軍に対抗するためだけのものだった。スポンサーは、Eisenmann、Barletta、Tribaldos、Castillo and Blandon、Elliott Richardson、Norman Bailey、Sol Linowitzでした。1987年6月、ワシントンD.C.に「シビック・クルセイド」が設立され、その指導者として「ノリエガに反対するパナマの国際代表」を自称するルイス・ガリンドが起用された。

ガリンドは、国務省のシュルツ派や三極委員会を通じて東海岸のリベラルなエスタブリッシュメントと、オリンピアンが最も信頼する使用人の一人で、一流法律事務所クーダルトブラザーズのパートナーであるソル・リノウィッツと非の打ち所がない信頼関係で結ばれている。これは、米国憲法で禁止されているパナマへの主権的な米国領土の割譲によって、米国を裏切ることになった法律事務所と同じである。ガリンドはまた、1974年から1978年まで在任したコロンビアでコカインとマリファナの取引を監督した人物として麻薬情報機関の間で広く知られているアルフォンソ・ロペス・ミケルソン元大統領とも申し分のない信頼関係を持っていた。

## ロブレス兄弟

イワン・ロブレスとその弟のウィンストンは、パナマを代表する弁護士です。彼らは、コカイン密売のボスとそ

の銀行家のおかげで悪名を馳せているのだ。Winston RoblesはRoberto EisenmannのLa Prensaの共同編集者で、Fernandez-Dadeland銀行と関係があることが証明されています。国際的な法律事務所名鑑では、Martindale-Hubbell, Robles and Roblesと正しい名称が記載されています。アイゼンマン・デ・ラ・プレサは、デイドランド銀行の3分の1を所有していた実績もあり、フェルナンデス・シンジケートとの不愉快な過去のつながりから、ジョージ・シュルツ前国務長官と国務省がノリエガ将軍の後任に推挙していた。

この「交渉」は、1988年2月5日にフロリダ州マイアミの大陪審がノリエガに下した麻薬密売の全くの冤罪に端を発するものでした。この起訴は、米国民が我々の法制度における古風で封建的な付属物である「大陪審」を排除する緊急の必要性を再度強調するものである。交渉」に関する最新の情報は、ジョージ・シュルツの発言である。

> 彼（ノリエガ）とは何度も話し合ったが、彼が自発的に辞退すればノリエガに対する告発を取り下げるという合意にはまだ至っていない。

## ジョン・ポインデクスター提督

ノリエガへの冤罪は、ポインデクスターがノリエガ将軍を失脚させる作戦に失敗したことに起因している。シュルツに代わってポインデクスターが行った任務は、ポインデクスターよりもずっと上手にユダ役を演じたポール・ラクサルト上院議員が伝えた、レーガン大統領のマルコス大統領排除の残酷なメッセージと一致するものであった。ポインデクスターの任務は、ノリエガ将軍とPDFが主導した反コカイン法と銀行政策の精力的な追求から発せられる彼らの存在への脅威をパナマから取り除くた

めに、麻薬王、銀行家、弁護士とそのアメリカの同盟者によって行われた現在の戦争の引き金となりました。マイク・ウォレスのテレビインタビューでは、ノリエガは、ポインデクスターがパナマに対してオリンピック選手の植民地主義的な要求に屈するよう要求するいじめっ子として来たことを明らかにした（『300人委員会』）。

私は、米軍によるニカラグア侵攻に反対したわけではない。しかし、ベトナム戦争のような戦争を再び起こすことは、ワン・ワールド政府と国境内の売国奴の手にかかるだけである。ポインデクスターは、アメリカのメディアからも支持され、「ノリエガを武力で排除せよ」とまで言われた。ポインデクスターの脅しに毅然とした態度で応えたノリエガは、これで賽は投げられたと思った。そのため、彼はペロン派と手を組み、彼らの支持を得ようとした。アルゼンチンのマル・デル・プラタで行われたペロニストの指導者との会談で、ノリエガと中堅将校の代表団は期待通りの確証を得ることができた。しかし、すぐにアルゼンチンを脅かすような対策がとられた。イギリス軍はフォークランド諸島で、アルゼンチンがパナマに介入した場合にどうなるかを示す「演習」を行い、アメリカ陸軍南部司令部のジョン・カルビン将軍はアルゼンチンのオラシオ・フアナレナ国防相と会談した。会談の内容は、英国の脅威とフォークランドをめぐる両国の緊張の高まりに関するものだったようだ。

ガルビン将軍は、フアナレナにパナマに関わることのないよう厳重な警告を発した。ブエノスアイレスでのガルビンの任務は、カーター元大統領がイラン国王を裏切っていた頃のハウザー将軍のテヘランでの任務と比較するのが正しいかもしれない。

DEAの麻薬撲滅作戦は、「オペレーション・フィッシュ」と名付けられた3年間の調査の結果、麻薬王とその支持者が巨額の利益を得ていることが明らかになったのであ

る。1985年まで、誰も本気で心配したことはなかった。しかし、1985年、それまでめったに使われない法律が、脅迫、賄賂、汚職によって対処される問題になる可能性が漠然とあると思われていたのに、ノリエガは、脅迫も買収もできない、本気だということを示したのである。

"Operation                                                    Fish
"の結果、パナマの18銀行の54口座が閉鎖され、1千万ドルと大量のコカインが押収された。その後、銀行はPDFの一部のメンバーによって密告され、襲撃される前に大量の現金を移動することができたことが立証された。さらに、血やコカインが付着していると思われる銀行の85の口座を凍結するという、パナマ国防軍（PDF）による措置が取られた。コロンビア人、アメリカ人、そしてキューバ系アメリカ人の主要な「ランナー」58人が逮捕され、麻薬密売の罪で起訴された。オペレーション・フィッシュ」は、パナマ法23条の成立によって実現したもので、麻薬密売人が今後期待することを予告していました。*La Prensa*は、パナマ国防軍が米国政府に代わって反麻薬広告キャンペーンを行っており、このキャンペーンは「パナマの銀行センターを荒廃させる」と苦言を呈している。

## ホセ・ブランドン

これは、ホセ・ブランドンのケースである。彼は、麻薬推進コンソーシアムによって、180度の方向転換をさせられてしまった。反コカイン勢力との戦いの中で、ブランンドに与えられた役割とは？

彼は、ノリエガ将軍を倒そうとしていたエリオット・リチャードソンとソル・リノヴィッツの一派に、いわゆる「国際的支援」を得るために雇われたのである。そうすることで、ブランンドは偽善的で不誠実な嘘つきであることが証明された。ブランンドは、ウィリー・ブラント

の社会主義インターナショナル（一部ではパートナーシップとも呼ばれる）に仕えていた。ニューヨークの在パナマ総領事だったブランドンは、ノリエガの主席告発者に就任する前、1987年8月11日にパナマのテレビ番組に出演し、ノリエガを支持する発言をしています。彼は、ノリエガ将軍に対抗する勢力を激しく攻撃し、その敵意を、本質的にはホセ・ブランドンの清算を目的としたキャンペーンであるとみなしたのだ。

国務省の「パナマ」報道官を詳しく見てみよう。ノリエガを支持するテレビ出演の直後、実際には1ヵ月も経たないうちに、ブランンドはシュルツ、キッシンジャー、エリオット・エイブラムスら東側のリベラルなエスタブリッシュメントに取り押さえられ、「間違った馬を支持するのはやめろ」と言われた。情報部からの報告によると、ブランンドはノリエガが今後どうなるのか、全く知らなかったという。新政府が発足した時、「勝利のチームに加われ」「傍流になれ」と平然と言われた。ブランンドはいつも自分勝手な性格で、すぐに軌道修正し、「ノリエガを捕まえろ」という流れに乗った。鞍替えした直後、ブランドンは「ノリエガ将軍に対して国際社会の支持を集める」と発表した。

そのため、彼は領事職を即座に解任された。どんな政府も、その役人が「転覆を擁護する外国勢力」と共謀することは許されない。ブランドンは、すぐに国務省やアメリカのメディアから支持された。彼はノーマン・ベイリー博士によって、ノリエガの「麻薬密売」疑惑について実に驚くべき情報を持っている、立派なパナマの高官として紹介されたのである。ブランドンが直ちにベイリー、シビック・クルセイド、ソル・リノヴィッツから経済的支援を受けたわけではないことは完全には断言できないが、ワシントンはブランドンがリノヴィッツ、ノーマン・ベイリー、シビック・

クルセイドの雇われ傭兵だということを裏付けるような
情報をいくつか得たと述べて
いる。ノリエガ将軍の米国での弁護を担当したマイアミ
の弁護士レイ・タキフ氏は、「ブランドンは米国政府か
ら金をもらっている嘘つきだ」とだけ言った。

ブランンドンの指導者の1人が、後にセルビア政府崩壊の
汚点となる国務副長官補のウィリアム・G・ウォーカーで
ある。私が受けた報告によると、反ノリエガ派の上院外
交委員会テロ・麻薬・国際作戦小委員会での証言で、ブ
ランンドンを指導したのはウォーカーだった。その後、
ウォーカーはセルビアの指導者ミロシェビッチの壊滅に
重要な役割を果たし、同国は崩壊、アルバニアではイス
ラム政権に乗っ取られることになった。

ブランンドは、話題が変わると機嫌が悪くなることで有
名で、途中で馬を乗り換えることもある。ウォーカー氏
は、ブラン
ドンがややこしい分野に踏み込まないようにする一方で
、ロドリゲス・ミリアン氏が米国の大手銀行について恥
ずかしいプレゼンテーションをしたように、委員会で「
オープンでシャット」な証言をするようにしたかったの
だ。私たちがよく知っているCivic　　　　　　CrusadeのLewis
Galindoも、WalkerやNorman
Bailey博士と並んで、Blandonの「コーチ」の一人であっ
た。ガリンドは、「ノリエガを捕まえる」と意気込んで
上院小委員会で証言したブランンドに、基本に忠実であ
るようにと多くの時間を割いて言った。

委員会は、ブランンドが「事実」を歪曲する傾向がある
ことをよく知っていたに違いないし、それと同様に、彼
のかなり怪しげな「ハイレベルな国際的人脈」について
も知っていたに違いないのである。しかし、上院小委員
会は、2月8日から11日の会期中、ノリエガに対する証人
として、ほとんどの時間、ブランドンを提示した。これ

は、私たちの制度と伝統を重んじるすべての愛国者を深く憂うべきものです。

ノリエガへの攻撃は、我々の司法制度に重大な疑念を抱かせることは言うまでもないが、我々の制度を劣化させ、堕落させた。裁判所の証拠規定では、ブランンド氏の証言は数分も続かないはずだが、それを最大限に利用しようと、反対尋問を受けながら、委員会のメンバーは、ノリエガ将軍に対する彼のとりとめのない矛盾した暴言を熱心に聞き入った。そのような余裕があり、委員会のメンバーが身をかがめて配慮しても、検察側に証言に呼ばれた犯罪者フロイド・カールトンやミリアン・ロドリゲスと同じように、ブランドンの成績は芳しくないのだ。

その手続きは「ショー・トライアル」を思わせるもので、アメリカのシステムにはふさわしくない。もしこれが政治家の言う「開かれた政府」なら、アメリカは大変なことになる。小委員会の公聴会は「裁判」と呼べるのか？私はノリエガ将軍の裁判だと思いがちだが、小委員会のジョン・ケリー委員長は、質問されてきっぱりと否定している。ケリーは、まるでドッグショーのリングの中の犬のように、委員会の前でブランドンをパレードさせた。支離滅裂なことを言い始めたブランドンに、ケリーは何度も「ステイボーイ-
そんなに急ぐな」と言った。アメリカ大統領選に出馬する予定だったジョン・ケリー氏だ。彼が敗れたことに感謝する。

ケリーは、ノリエガを支持するブランンドンの最近のテレビ演説には触れないようにした。その演説の中で、ブランドン氏は、PDFの司令官に対する告発は「でっち上げ」であると述べ、PDFの警官が麻薬取引に関与していることを激しく否定した。これは良い政治かもしれないが、悪い司法である。結局、ブランンドンは自分の話を

整理しきれずに、同じ出来事について異なる証言をした。そのため、『タイム』誌などのメディアも、ブランンドンの信頼性は皆無であることを認めざるを得なくなったしかし、ジョン・ケリーにとっては、星野源の証人を失うわけにはいかなかった。

ノリエガが麻薬密売に関与していたというブランンドンの「事実」はどこから来たのか。この分野の専門家が用意した入念な分析により、ノーマン・ベイリー、ロペス・ミケルソン、ロベルト・アイゼンマン、ルイス・ガリンドが使ったフレーズや単語と、ブランドンが使った単語やフレーズの多くに著しい類似性があることが判明している。だから、この人たちは、ブランンドに言葉をかけていたのかもしれない。不動産で財をなしたはずの大富豪ガリンドとラ・プレンサのアイゼンマンはすでに会っているが、ガリンドが三極委員会のソル・リノヴィッツとその側近ノーマン・ベイリー博士に信頼されていることは、ついでに述べておく。

## ロペス・マイケルソン

ロペス・ミケルソンは1974年から1978年までコロンビアの大統領だったが、その間にフィデル・カストロと親しくなり、カストロはDEAのエージェントによってバハマから逃亡させられたカルロス・レデラーを復職させた。コカイン王オチョア、レデラー、エスコバルのためにマイケルソンの監視活動の一環として、コロンビア国立銀行に「不吉な窓」を開け、コカイン王による麻薬ドルの預金を促進したのは、マイケルソンの財務大臣ロドリゴ・ボレロ・モントヤであった。ロペス・マイケルソンは、コロンビアの対外債務を返済することを条件に、麻薬王を合法化しようとさえしたのです

## ニコラ・アルディート・バーレッタ

国務省に雇われたもう一人の手下がニコラス・アルディ

ート・バレッタである。国家安全保障会議のノーマン・ベイリーと友人で、NSC-CIAの「銀行家支部」の長であり、ソル・リノヴィッツやウィリアム・コルビーと親しいバレッタは、明らかに「ノリエガ獲得」派閥の重要な同盟者であった。パナマが麻薬密売人とその資金洗浄銀行の天国となったのは、ブランドンが厳格な銀行機密法を制定した直後のことで、ちょうどコカイン取引の「ブーム」の時期だったことはすでに述べたとおりである。ノリエガ将軍がその恐ろしい責任を負うまで、彼の銀行機密保護法は決して異議を唱えられることはなかった。ブランドンが敵に味方するのも無理はない。ブランンドンは、ワシントンではパナマの「銀行家」として知られていた。

## スティーブン・サルノス

サルノスは、麻薬の密売人でありながら、ポインデクスター提督のような行政官や、バレッタのような有名人と驚くほど簡単に接触していたようだ。サルノスは、アイゼンマン、ガリンドなどからなるグループの一員で、ノリエガに対する中傷キャンペーンを開始した。サルノスもまた、ホセ・ブランンドンの数ある「コーチ」の一人だったようだ。

サルノスは、連邦証人プログラムの保護のもと、アメリカの高官との面会を求めて旅に出る。サルノスから提供された証拠の結果か、彼の元同僚でビジネスパートナーのフェルナンデスは、大麻売買の罪で実刑判決を受けた。しかし、だからこそ、サルノスはアメリカへの渡航が許され、ワルトハイム大統領（元国連事務総長）のような人物がブラックリストに載っているのだろう。

ジョン・ケリー氏が率いる上院委員会は、乱暴を働くブランドン氏の対策に全力を挙げていたようだ。メンバーの1人であるD'Amato上院議員は、Blandon氏の証言の移り変わり、不正確さ、矛盾について報道陣から問われ、「

広告主は、Blandon氏の証言を信用しないために何でもしようとするだろう」と発言した。しかし、結局、ブランドンの証言は、熟れすぎた想像力の産物に過ぎなかったのである。CIAが特定の米国上院議員の私生活を監視していることを確認する文書を見たというもので、CIAは強く否定したが、ブランドンはこれを認めたというので、波紋が広がった。CIAに関するブランドンの「爆弾発言」は、ミリアンの「米国の大手銀行が汚れたマネーロンダリングに関与している」という暴露と同じぐらい委員会を動揺させた。

ノリエガを捕まえる」という陰謀を支持した「国際的な有力者」のもう一人が、CNNのテッド・ターナーである。ターナーは、デイヴィッド・ロックフェラーから個人的に「訓練」を受けた三極委員会のメンバーであると考えられている。ノリエガの敵リストに彼の名前が追加されたようだ。Roberto Eisenmann氏の*La Prensa*は、上院小委員会の公聴会後、安堵のため息をついている。ドーピングバンクのパナマ政策は、今やアメリカの公式政策となることは明らかだった。米国が主導するPDFに対するキャンペーンは、「抑圧された」という怒りの叫びとともに『ラ・プレンサ』の紙面からそのまま出てきた。レーガン政権が当時世界最高の麻薬密売の闘士であったマヌエル・ノリエガ将軍に対して歌うヘイトソングの歌詞は、コカイン王とその銀行家たちが書いたものである。

ノリエガが誹謗中傷されたことは、麻薬戦争における彼の有効性を物語っているはずだ。彼が存在しなければ、ワシントンもパナマも誰も気に留めないだろう。国際的な憎悪と中傷のキャンペーンはあっという間にピークに達し、ノリエガの退陣で幕を閉じた。私は、最も信頼できる情報に基づき、ノリエガが追放された後でも、依然として大きな危険にさらされていたと確信している。この情報は正しかった。ノリエガは誘拐され、フロリダの

刑務所に送られ、その後、西側諸国の法学では類を見ない茶番の裁判を受けることになった。麻薬王とその銀行家たちは、許さないし、忘れないだろう。ノリエガは、ニカラグアのソモサ将軍が暗殺されたのと同じように、抹殺の対象としてマークされていたのだ。

小委員会のヒアリングでは、いくつかのポジティブな要素も浮かび上がった。ポール・ジャーマン将軍は、ブランドンとノーマン・ベイリーが主張したようなノリエガによる不正行為の証拠を見つけたことを否定した。ノリエガがコカイン王とつながっているという確たる証拠はない、と。噂はあったが、本当の証拠は見つかっていない、とドイツ人は言う。また、委員会はノリエガに対する冤罪を裏付ける信頼できる証拠のかけらも提示することができなかった。ケリーは多大な努力をしたが、彼は有罪判決を受け、終身刑を宣告され、そこから釈放されることはないだろう。

ブランドン、バレッタ、リノヴィッツ、エリオット・エイブラムス、エリオット・リチャードソン、ルイス・ガリンド、ロベルト・アイゼンマンらは、麻薬取引の合法化を望んでいる。この問題に対するリチャードソンのアプローチは非常に巧妙であった。見かけによらず、薬物の合法化を提唱した。彼の言い分は、薬物の脅威と戦うには「遅すぎる」、薬物を抑制するためにどんな努力をしても、以前のアルコールのように、最良の解決策は薬物を合法化することだ、というものだった。リチャードソン氏とその一派の東側リベラル派の銀行家たちは、この方法が長期的にははるかに効果的で安価であることを証明する、と言う。

エドワード・ケネディが兄たちのような運命を免れたのは、上院で体制側法案を押し通すのに役立っているからである--
それが彼の政治生命を維持する唯一の理由だ。もしケネ

ディが一度でも麻薬関連法案に反対票を投じれば、彼は落選することになる。私たちはそれを知っているし、彼もそれを知っている。それくらい明確です。リチャードソンは、1986年の米州対話のソル・リノヴィッツ報告からコピーした記事の中で、ラ・プレンサとカルロス・レデラーが提唱した、米国が最終的にアルコールの合法化を強いられたのと同じように、コカインとマリファナの使用を合法化するための議論を実質的に引用しています。米州対話は、東部自由主義体制とラテンアメリカの意見の合流点であり、300人委員会の後援のもと、この地域の3極政策立案を監視している。

要するに、三極委員会の決定を押しとどめるために存在するのだ。そのメンバーのリストを見れば、この組織がどの程度、CFRの命令を遂行するために作られたかが一目瞭然である。マクジョージ・バンディ、リノヴィッツ、キッシンジャー、ジョン・R・ペティ、ロバート・S・マクナマラ、バレッタ、モントーヤの名前が登場するとき、岐路に立つ汚れ役が存在することを確信することができるだろう。

コロンビアのコカイン王の運び屋であるサンパー・ピザーノは、欧米は麻薬問題に対して新しい独自のアプローチを検討する必要があると言う。ピザーノは、コロンビアのコカイン王とのつながりを否定せず、ロペス・ミケルソンに大統領選への「献金」として非常に大きな小切手を渡したことがある。マイケルソンは、それがカルロス・レデラーからのものだと知っていたにもかかわらず、そのお金を受け取ってしまった。

選択的合法化の飽くなき主張は、リチャードソンも同じであった。アメリカでは6500万人の麻薬中毒者がいるが、それだけでは足りないらしい。リチャードソン氏は、麻薬戦争には勝てない、と言っていますが、これも古くて危険な議論で、ガルシア大統領がわずか50日間で、し

かも限られた資源でコカインマフィアに鉄槌を下したことを無視しています。決定的なのは、「...薬物の違法性は、薬物中毒者とアメリカ社会が受けるダメージを悪化させる」という記述である。裁判所の役人であるリチャードソン氏は、アメリカ法曹協会の審査を受け、麻薬販売促進罪で起訴されるのが当然であった。米州対話は、麻薬銀行家クラブが麻薬を合法化しようとする試みを支援している。ボストン第一銀行、クレディ・スイスとコロンビアのコカイン王との間に証明されたつながりがあることを証明するのは難しいことではない。ホセ・ブランドンのねじれた証言を信用させ受け入れさせようとするよりはるかに難しいことである。

ノリエガを追っていた上院小委員会は、麻薬密売との戦いで本当に信頼性を示したいのなら、なぜクレディ・スイス、ファースト・ボストン銀行、アメリカン・エキスプレス、バンク・オブ・アメリカを追わなかったのでしょう。ジョン・ケリー氏はどのような役割を果たしたのでしょうか。国務省がノリエガを本当に恐れ始めたのはいつですか？

1987年5月6日、DEAが「連邦麻薬取締局の歴史上、最大かつ最も成功した潜入捜査」と称して公にした、DEAとパナマの合同麻薬捜査コードネーム「オペレーション・フィッシュ」の成功の直後であったと言えるでしょう。国務省は直ちに、この記事で名前を挙げた人物と協力して、「オペレーション・フィッシュ」の成功を損ない、ノリエガ将軍をパナマ防衛軍司令官から排除するための対抗作戦を開始した。1987年5月27日、麻薬取締局長がノリエガに宛てた手紙の抜粋にあるように、国務省とその同盟者であるドーピング・ロビーには、ノリエガを恐れる十分な理由があったのだ。ジョン・C・ローン、これ以上ないほど明確です。

　ご存知のように、このほど完了した「魚座作戦」は、国

際的な麻薬密売人やマネーロンダリング業者から数百万ドルと数千ポンドの麻薬を押収し、成功を収めました。フィッシュ作戦に対するあなたの個人的な取り組み（強調）と、パナマ共和国の他の当局者の有能で疲れを知らない専門的な努力は、この捜査の成功に不可欠なものでした。世界中の麻薬密売人は、彼らの違法行為による収益や利益がパナマでは歓迎されないことを知っています。

確かに！？

国務省がなぜノリエガ将軍を敵視し、当時世界で最も効果的に麻薬密売を撲滅した人物に対して全国的な誹謗中傷キャンペーンを展開したのか、この最後の一文にその鍵があるのだ。ジョン・C・ローンの手紙は、ホセ・ブランドンと有罪判決を受けた麻薬密売人ミリアンが、コロンビアの麻薬王、そのパナマ人銀行家、そしてその同盟者である東側の自由主義体制（その中には、ニューヨークタイムズと ワシントンポストが含まれる）に最も嫌われ恐れられている人物を貶めようとした残念な光景とは、全く対照的であった。

上院小委員会の公聴会は、麻薬王とその銀行家を支持し、レーガン大統領がジョージ・H・W・ブッシュの手に委ねたはずのひどく弱い麻薬撲滅プログラムの残骸をすべて葬り去ることによって、アメリカ国民にひどい、残念な仕打ちをしました。麻薬の脅威に対抗する国家としてのボロボロの自尊心に残ったのは、ナンシー・レーガンの哀れな「Just Say No」だけであった。ノリエガ将軍やアラン・ガルシア大統領の勇気ある行動と比べれば、その言葉はたいした価値を持たない。

アメリカの報道機関、ジャッカルは、群れのリーダーであるデイヴィッド・ロックフェラーの命令に従って、アメリカでの悪質な反ノリエガ・キャンペーンを組織し、

マイアミの大陪審で、DEA長官が手厚く賞賛した男を起訴することになった。ここで間違っているのは誰でしょう？ジョン・C・ローンでしょうか？彼が賞賛したノリエガは、マスコミ、弁護士、銀行家、金で雇われた嘘つき、コカインマフィアの政治組織が、麻薬密売人の友人であり庇護者であると描く人物と本当に同じなのだろうか。

一見すると、混乱があるように見えます。ノリエガは明らかにジョン・C・ローンが賞賛した人物ではないか、あるいは上院小委員会の証人が嘘つきであったかのどちらかである。結論を出すのは、あなた自身です。ノリエガの敵」のリストに戻って、現代の麻薬密売人の最良の敵に対するこの最も野蛮な犯罪の主犯は誰だったかを調べてみよう。

### ルーベン・ダリオス・パレデス将軍

このパナマ州兵の引退した司令官は、ノリエガ将軍にとって最も闘争的で危険な敵であった。コカイン・マフィアによって息子を残酷に処刑されたにもかかわらず、パレデスはオチョア兄弟に忠誠を誓い、息子の行方について電話で尋ねたとき、彼らが嘘をついたことを知った後も、オチョア兄弟を支持し続けた。パレデスは、コロンビアのマスコミがルエベン・ジュニアはすでに死んでおり、「ロス・グランド・マフィア」の犠牲者だと大騒ぎしているときでさえ、息子の無事をオチョアスの言葉で受け入れた。パレデスは、フィデル・カストロやその「特別な友人」を自称するロベルト・ディアス・エレラ大佐と長年のつながりがあった。これらの既知の事実を考えると、ダリエンのコカイン研究所とイスラエルの武器庫を守るためにパナマにM19部隊が設置された後、パレデスがカルロス・レジャーの私設テロリスト軍団「M19」のメンバーを自宅に迎え、彼らを保護したことは驚くには値しないことです。

パレデスは、ノリエガ将軍が司法省からの脅迫や訴追によって追い出された後、キッシンジャー、リノウィッツ、国務省が選んだ後任だった。これが、いわゆるノリエガ将軍との「交渉」のベースとなった。1987年7月、パレデスはノリエガ将軍が辞任しないならパナマで戦争を始めると脅した。キッシンジャーとリノヴィッツがパレデスに与えた役割は、麻薬王とその銀行網の利益を脅かすほど強い個人や政党が現れないようにするための甘やかし役だった。前述したように、トリホスがそうした兆候を見せたとき、彼は致命的な飛行機の「墜落事故」を起こしている。上院小委員会が熱心に探している、ノリエガ将軍のケースでは見つからなかった、パレデスとコカイン王やその不正な銀行家を結びつけるような本当の証拠があるのだろうか？オチョア夫妻がパレデスに高価なサラブレッド競走馬などを贈ったことはよく知られているが、それだけでは十分な証拠とはいえない。それから、パレデスの副官であるジュリアン・メロ・バルブア中佐は、すでにお会いしたことがあるが、リカルド・トリバルドス、ハイメ・カスティージョ、メンデス、スティーブン・サモスなどのオチョア売人たちと密接な関係にあり、パレデス将軍からいかなる形でも隠すことができなかったことが明確に立証されているという疑問もある。

1984年、ロペス・ミケルソンがパナマでコロンビアのコカイン王と会った時、彼らを邪魔しないようにしたのはメロ・ボルブアであった。スティーブン・サモスの話をしたのは、彼がアルマ・ロブレスと結婚していたからだ。アルマ・ロブレスは、麻薬王が利用する法律事務所を持つロブレス兄弟の妹である。サモスはフェルナンデス・シンジケートの運び屋だった、捕まるまでは。私の情報によると、彼はメロ・ボルブアとよく知られており、その活動はパレデス将軍のような人物の目に留まらないはずがない。

パレデスは、麻薬との関係が知られていたにもかかわらず、アメリカのマスコミのジャッカルに引っ張りだこであった。米国貿易経済ミッション（USTEC）のピトブラノフ将軍が、KGBの世界的な誘拐・殺人部隊のリーダーという過去を持ちながら、アメリカのマスコミに愛されるのと同じように、彼の汚れた過去はうまく隠されて、かなり好意的に報道された。

## ノーマン・ベイリー博士

ベイリーの経歴は、国家安全保障会議と関係があり、その前は悪名高いパナマ運河事件の作者であるソル・リノヴィッツと手を組んでいた。国家安全保障会議のメンバーであったベイリー氏は、麻薬資金の動きを調査する任務に就き、パナマを肌で感じることができた。ベイリーがニコラス・アーディット・バーレッタと親交を深めたのは、この勉強の成果だった。ベイリーがノリエガを憎むようになったのは、バレッタが大統領の座を失ったことをノリエガのせいにしているからだといわれている。ベイリーが述べた。

> 私がパナマとの戦争を始めたのは、友人のニッキー・バレッタがパナマの大統領を辞めたときだ。

ベイリーが提唱者となった麻薬密売人やマネーロンダリング銀行の天国を作った張本人から、パナマの銀行機密法について多くを学びました。

なぜ、ベイリーがバレッタの解雇に腹を立てなければならなかったのか。なぜなら、バレッタは、麻薬密売に手を染めている英米のエスタブリッシュメント上層部を、安全な場所から代弁する「現場の男」だったからである。彼は、国際通貨基金（IMF）がパナマに駐在し、その命令に疑問を持たずに従えるようにするための部下でもあり、ジョージ・シュルツのお気に入りでもあった。ノリエガ将軍がIMFの緊縮財政に抵抗したとき、彼はアル

ディト・バレッタと、そしてその代理として、ワシントンのエリート主義者と正面からぶつかったのである。ベイリーが知らないうちに、ノリエガ将軍はアラン・ガルシアと話をしていた。彼の戦術は、IMFの略奪からペルーを守ることに成功し、後にノリエガがパナマで採用したものである。

その結果、IMFの執行者になろうとしたベイリーが追放されたのである。ノリエガと州兵に対する全面戦争は、ノーマン・ベイリーとそのビジネスパートナーであるウィリアム・コルビーの助言により、ジョージ・シュルツが決断した。コルビー、ベイリー、ウェルナー、アソシエイツという会社は、パニックに陥ったパナマとアメリカの麻薬資金洗浄業者から相談を受けていたのだ。それ以来、ノリエガ将軍が「独裁者」以外の呼び名で呼ばれることはなかった。

ベイリー氏は、ノリエガを排除することに興味はなかったと主張する。ベイリーによれば、「パナマは西半球で最も重く軍備されている国」だから、彼を軍事的に排除することがより重要だったのだという。この驚くべき発言は、ブランドン、アイゼンマン、ウィードンによるノリエガへの告発を起草したのがベイリーであったという既知の事実と釣り合うものでなければならない。ベイリーは、市民運動団体の一員として、ノリエガを追放し、ベイリーの好きな「シビリアン・ジャンタ」（政権を奪取したら自由選挙を行う、その期限は1年）を導入するために奔走した。

ベイリーは、ニューヨークタイムズとワシントンポストによるノリエガ中傷に大きく貢献し、それを「98％の事実」と呼んでいる。仮に2％でも事実でないのであれば、彼の記事は完全に疑わしいと言わざるを得ない。ベイリーを通して、ノリエガ将軍に対する陰謀は、コロンビアのコカイン王からワシントン、ロンドン、ニューヨーク

のエリートたちにまで及んでいるのである。エリオット・リチャードソンやジョージ・シュルツに代表される、ワシントン、ボストン、ロンドン、ニューヨークの社会的・政治的エスタブリッシュメントと、殺人的な下層コカインマフィアの間に、ベイリーを通してつながりができたのである。

問題となっているのは、麻薬密売人が生み出す巨額の資金である。麻薬は今でも違法だが、マリファナやコカインなどの「社会的使用」を「緩和」しようという立法者の圧力を考えると、そう長くは続かないかもしれない。喫煙に対する圧力の背後には、危険で中毒性のある薬物の「軽い使用」を合法化しようとする麻薬ロビーのキャンペーンがある。ニコチンはコカインやヘロインと同じ中毒性があると外科医総長は主張しています。その意味は明白です。発がん性が証明されている反社会的な喫煙をあきらめ、代わりに発がん性のないコカインや大麻に切り替える。現在、ガソリンの売上を大きく上回っている医薬品の売上は、近い将来、タバコの売上を上回るかもしれません。

コカイン「市場」は、まだ比較的未開拓なのです。あと数百万人が薬物中毒のゾンビになったら、バートランド・ラッセルが今生きていたら、どう言うだろう。ノリエガがジョージ・ブッシュ長老と7000人のアメリカ兵の軍隊に逮捕された時、ソ連はパートナーシップとカストロのキューバのおかげで勝利したのだ。中南米全域にその勢力を拡大することができたのです。この貿易の第二の利点は、コカインやマリファナの生産量の増加を可能にすることである。アメリカでは、薬物が安くなり、必ずしも中毒にならない「新しい」使用者が大量に入手できるようになったため、この影響を受けたと言われている。このとき、麻薬王たちは、英国の利益を代弁する*ニューヨーク・タイムズ*紙と*ワシントン・ポスト*紙の全面的な支持を得たのである。両紙は近年、マリファナやコカ

インの使用を合法化することに賛成する記事を多数掲載
している。

上院は、南アフリカに宣戦布告したように、パナマに宣
戦布告したのである。パナマ軍が運河の安全を脅かす存
在として言及されたことで、アメリカ国民の愛国心が沸
き起こったのだ。デ・コンシーニは右翼の無価値な操り
人形で、パナマが受け入れなかった放棄文書に「留保」
をつけて署名し、そのために、パナマにおけるアメリカ
運河の放棄として機能する没収品以外の何物でもないの
に共謀罪を要求する賢明で賢明な人物として宣伝された
のである。中米情勢は、米国の国家安全保障上の利益を
脅かすものとなっている。フィリピン型の「民主主義」
がパナマに押しつけられたのである。パナマ運河条約に
ゴーサインを出すために、元老院はノリエガ将軍の辞任
を宣言した。従わない場合は、強制的に退去させること
になる。これは、1987年11月12日から16日にかけてパナ
マを訪れた6人の上院議員スタッフ代表団の総意であった
。

代表団は、パナマのマネーロンダリング銀行への米ドル
の流出による経済への脅威はもちろん、麻薬密売人やキ
ューバとのつながりがもたらす恐ろしい脅威についても
言及しなかった。民主主義の名の下に、パナマの支配権
はノリエガから奪い取られ、国際的な麻薬密売組織に引
き渡され、パナマは運河条約によってひっくり返された
のである。パナマ運河の安全を脅かす「不安」があれば
、米軍をパナマに送り込むという脅しは、明確には書か
れていないが、明らかに暗に示されている。そんな無秩
序を作り出すために、ベテランのトラブルメーカー、ジ
ョン・マイストがパナマに派遣されたのである。

## ジョン・マイスト

ジョン・マイストとは？パナマへの「移送」当時、在パ
ナマ米国大使館のナンバー2であった。それ以前にも、韓

国、フィリピン、ハイチに派遣され、街中に不安を煽り、当局に対する「デモ」を主導していた。パナマの街角で大活躍している、挑発工作員マイストの非道な振る舞いが許されているのは残念なことです。上院は、「独裁者」ノリエガが犯罪行為に従事しており、パナマ条約の基礎となっている米国の防衛権を彼が拒否したために条約全体が危険にさらされたと主張し続け、意図的かつ悪意を持ってパナマの状況を悪化させたのである。

この場合の「防衛権」とは、マイストが問題を起こしている地域に米軍を駐留させることを意味し、内乱地域に軍を駐留させることの危険性を軍が十分に認識していることから、意図的な挑発行為であった。イラクから何かを学んだのであれば、軍は米軍人を手に負えない不安定な状況の真ん中に置くことより良いことを知るはずだ。

もうひとつ、ノリエガ将軍がリビアから援助を受けていたという話も、暴露されるべき真実ではないだろう。これはノリエガの信用を落とすために作られた捏造である。私の情報源は、この告発を3カ月かけて調査し、実体がないことを突き止めた。

国務省は、BBCがイランの国王に対して偽情報キャンペーンを行ったように、CNNのテッド・ターナーの助けを借りて偽情報キャンペーンを行ったのである。しかし、このような状況にもかかわらず、ジョン・マイストの情報操作と悪質な活動によってパナマに予測された血の海は起こらなかったのである。パレデス将軍は、すでに説明したように、コカイン王やその銀行家、政治家の口利きをしており、ノリエガ将軍に対する中傷のクレッシェンドに声を加え、ノリエガが直ちに辞任しなければパナマにひどい結果をもたらすと予言したのだ。レーガン大統領は、ノリエガに1988年4月までに退陣するよう命じた。まるでパナマがアメリカの一部であるかのように！？

ノリエガはこれに応じようとせず、期限は5月中旬に延期

された。レーガンは、ゴルバチョフとの「首脳会談」に間に合うようにノリエガを始末したいのだ、とワシントンの情報筋は言う。Norman Baileyが、地域全体に「危険」をもたらすパナマ国家警備隊の解散要求を強化。

ワシントンD.C.のジョージ・ワシントン大学でのフォーラムで、ベイリーは、パナマの人々が通りに出て、撃たれ、反撃した場合のみ、ノリエガは屈服するだろう、と述べた。このような出来事を記録するテレビカメラがない限り、無駄な努力になる。パナマでは何も起こらない。人々が街頭に立たなければ、ノリエガやPDF機関を追い出すことはできない」とベイリー氏は言う。だからマイストはパナマで、韓国、フィリピン、ハイチで培ったマフィアの経験を生かしたのである。

マイストとベイリーが望んでいたのは、パナマの「シャープビル」--
南アフリカの黒人居住区シャープビルを席巻し、70人の黒人暴徒の死者を出した、国務省の扇動による暴動--
をカメラが記録することだったのだ。それ以来、シャーペビルは南アフリカにとって呪いのような存在になっている。ノリエガにとって最後の砦は、マイアミの大陪審による起訴であった。パナマですでに起きていたことをまとめると。

麻薬勢力とその銀行家たちは、ワシントンの政治体制と手を組んで、ノリエガ将軍を排除し、ワシントンから運営される傀儡政権に取って代わった。その理由は何だったのでしょうか。第一に、ノリエガはパナマの儲かる盛んなコカインとマリファナの取引を頓挫させた。第二に、彼は中米を米軍のベトナム式戦場にするというキッシンジャーのアンデス計画に協力するのを拒否した。

これらは、パナマを包囲するのに十分な理由であると考えられていた。結果はどうだったのでしょうか？ノリエ

ガ将軍は、撤退の継続を拒否した。そして、パナマを統治不能にするために、暴動的な集会、経済困難、労働不安などの人為的な状況が設定された。そして、米軍が介入した。表向きは運河の確保だが、実際はノリエガを誘拐し、裁判のためにフロリダに連行するためであった。パナマに対するアメリカの外交政策は、こうして行われてきたのだ。私たちは西洋を支配するのに適した国家なのでしょうか？結論を出すのは、あなた自身です。

ノリエガ将軍は、パナマのトラブルについて、何らかの責任を負っていたのでしょうか？大陪審と上院が主張したように、彼は何らかの形で麻薬の売人だったのだろうか？なぜパナマは、運河が「反共産主義者」オマール・トリホス将軍に引き渡されたとき以上に、突然注目を浴びるようになったのか。

財布を殴られたら、痛いのは間違いない。そしてそれこそが、ノリエガ将軍の罪なのだ。彼は麻薬王の財布を直撃した。彼は、汚れた麻薬のマネーロンダリング銀行が得た不正な利益の多くを犠牲にした。銀行員の評判を落とすことになった。彼は現状を打破し、パナマの銀行法に歯止めをかけたのです。それ以上に、ヘンリー・キッシンジャーの邪魔をして、中米でのイスラエルの武器売却を邪魔した。権力者の足元を踏みにじった。ノリエガ将軍が悪役に起用されたのもうなずける。カーター大統領時代には、コカイン取引は爆発的に増加した。カーターがホワイトハウスに入ってから半年もしないうちに、金融情勢がおかしくなってしまった。連邦準備制度理事会はドルの殺到を予想しておらず、フロリダの銀行からの需要に応えることは困難であった。通貨制度が乱れていたのだ。カーターが大統領になった半年後、フロリダの銀行はコカインの受取額を5,140億ドルと報告していた。

コロンビアの麻薬カルテルのカルロス・レダーは、ジミ

ー・カーターのホワイトハウスの麻薬問題担当顧問であったピーター・ボーン博士に、同情的で慈悲深い友人を見出した。薬物まみれのオールマン・ブラザーズは、「コカイン」使用者であるにもかかわらず、ホワイトハウスに迎え入れられた。レザーは「カーター・コネクション」を築き、ボーンが友人や同僚に依存性薬物の処方箋を発行するようになると、間違いなく喜び、ついでに適切な制裁を免れることができるようになった。

こうした「好景気」の状況は、特にパナマの麻薬王にとって素晴らしいチャンスを生んだ。鳥海は、そんなことはお構いなしだった。運河地帯を支配し、パナマの経済を発展させることが、彼の最大の関心事だった。コカインや大麻がその手段であったなら、それはそれでいいじゃないか。彼の態度は、「生きるか死ぬか」だった。

カーター政権は、ラテンアメリカが国際債務の義務を果たすために「換金作物」（マリファナやコカイン）を栽培するようIMFに要求することを支持したのである。IMFは、ジャマイカやガイアナを含むいくつかの国に対し、麻薬関連の換金作物の栽培を公式に奨励している。IMFの立場はよく知られている。世界銀行の高官であるジョン・ホールドソン氏は、コカ産業は生産者にとって非常に有益であると述べ、さらに、"彼らの立場からすれば、これ以上の製品は見つからないだけだ"と述べている。IMFのコロンビア事務所は、IMFに関する限り、マリファナやコカインはラテンアメリカ諸国の経済に必要な外貨をもたらす単なる作物のひとつであると、極めて公然と述べているのだ麻薬取引を「承認」しているのは、世界銀行とIMFだけではない。

ミッドランド・アンド・マリン銀行は、世界有数の麻薬銀行である香港上海銀行に、前財務省長官ポール・ボルカーの明確な許可を得て、買収の目的がパナマで儲かるコカイン取引への足がかりを香港上海銀行に与えること

であることを十分承知していたにもかかわらず、買収されてしまったのだ。実際、ホンシャンによるミッドランドの買収は、犯罪的ともいえるほど不正なものであった。ミッドランド・マリン銀行は、パナマの麻薬銀行の決済銀行としての役割を担っていたからだ

香港上海銀行が引き取ったのは偶然ではないのですニコラス・アーディット・バレッタは、ミッドランド銀行の役員であり、ソル・リノヴィッツもそうであった。おかしなことに、このような名前が次々と出てくるのですどうやら、リノヴィッツは、トリホスとの「交渉」の時に、それが利益相反であるとは考えなかったようだ。

クレディ・スイスと組んで汚れた麻薬資金を首まで洗っているファースト・ボストンはどうなんだ？ファースト・ボストンは、ただの銀行ではありません。もともとのオーナーは、スイスのホワイトウェルド帝国とつながりのある、古いリベラル派の東部パーキンス家であった。ちなみに、パーキンスはJ.P.モルガンをはじめ、アメリカで活動するさまざまな英国家のエージェントであった。小国の「独裁者」を排除するために、アメリカ合衆国がそこまでした事実は、私たちに何かを教えてくれるはずです。ノリエガ将軍を排除しようとする銀行家、政治家、マスコミの協調的な努力の背後に何があるのか、私たちは興味を抱かざるを得ないのである。私が提供した情報によって、なぜパナマがいまだに四面楚歌なのか、理解していただけたと思う。

1986年から87年にかけて、マヌエル・ノリエガ将軍を道具にしようとする麻薬銀行家の計画に何か問題があるという最初の兆候から、ロックフェラー銀行とウォール街は彼を権力から引き離そうと画策し始めたのである。しかし、すべての試みが失敗に終わった時、より根本的な対策が検討された。1988年には、ノリエガがパナマの麻薬取引にとって重大な障害になっていたことは明らかで

ある。ここでは、パナマのイベロアメリカ銀行を攻撃したために、ロックフェラーがとった異常なまでの罷免措置と、その後の影響について見ていくことにする。

なぜ、ブッシュ大統領はパナマに侵攻し、国家元首を拉致するという犯罪行為に走らなければならなかったのだろうか。この真に違法な行為には多くの理由があるが、そのいくつかを検証してみることにする。もし、アメリカ国民が永久に霧に包まれていなかったら、米軍によるパナマ侵攻は大反響を呼んでいたことだろう。

ノリエガは中央情報局に所属していたのですか？パナマでDEAを担当していたアルフレッド・ダンカンは、そう信じていたのだろうか。そうであれば、彼の奇妙な行動も説明がつくかもしれない。辞職した麻薬取締局の潜入捜査官の報告によると、ダンカンは「CIAと格別な関係にある」と思っていたそうだ。

麻薬密売人の間では「DEAホテル」と呼ばれるパナマのマリオット・ホテル周辺もそうだったという。この捜査官は、パナマで計画されている麻薬作戦について、ダンカンの協力が必要なのに「何もしてくれない」と不満を漏らした。パナマで麻薬マネーロンダリングの暗躍者であるレンベルトという男を逮捕するよう命じられたとき、ダンカンは明らかに何もせず、その怠慢を問われると、自分が行動する前にレンベルトがCIAに連れ去られてしまったと言ったのだ。

その後、レンベルトはノリエガとつながりがあるとされたが、その根拠となる証拠は出てこなかった。1986年、ノリエガはファースト・インター・アメリカ銀行がカリ・カルテルによって所有されていることが証明されると、その銀行を閉鎖した。

カリ・カルテルとは？おそらくコロンビア最大の麻薬カルテルのひとつで、アメリカ政府機関と連携してメデジ

ン・カルテルに対抗していたと思われる。ワシントンポスト紙もそれを認めている。カリの公式ロビイストの一人が、17年間司法省に勤務していたマイケル・アベルである。1989年10月28〜29日、ブッシュ大統領とその同盟国は、中南米の政治指導者が参加する首脳会議をコスタリカで開催した。その後の記者会見でブッシュ大統領は「あの専制君主、独裁者（ノリエガ）の時代は終わった」と語った。

これは、ノリエガの「緊急」案件が、ベネズエラやニカラグアなどとの共同協議によって解決されたことをマスコミに知らせたものだが、ブッシュは公式にニカラグアのダニエル・オルテガ大統領と距離を置こうとしたのである。ブッシュ大統領がどんなに頑張ってパナマの指導者に対して全員一致の評決を下したように見せようとしても、陪審員の大半を占めるボリビア、グアテマラ、ドミニカ共和国が「裁判」にさえ現れなかったという事実は、ブッシュとその最高責任者のジェームズ・ベーカー3世を激怒させたことだろう。リンチ事件では、カルロス・サリナス・ゴルタリ大統領が重要な役割を果たしたとされる。ゴータリ氏は、麻薬取引で逮捕された将校の一人が、当時の司法長官エドウィン・ミース氏からの警告電話で救われたという大スキャンダルを辛うじて回避した経験から、慎重さを重んじることにしたのだろう。ベネズエラのカルロス・アンドレアス・ペレス大統領は、自ら白羽の矢を立てたわけではないが、情報筋によると1989年10月3日に「合同軍」という名目でノリエガに対するクーデターが起こると言っていたが、この試みは失敗に終わった。中南米諸国に圧力をかけてパナマとの国交を断絶させようとしたのもそうだ。ブッシュ大統領は各国首脳に、ノリエガとの対決を支持するか、さもなければ......と告げた。しかし、最終的な合意には至らず、会議は終了した。

このことは、ブッシュがいかにノリエガを恐れていたか

、また、ノリエガの目的を達成するために、政府がいかに卑屈になっていたかを示している。ブッシュはパナマの「反対勢力」、いわゆるパナマ民主反対同盟の市民連合と会談したが、この市民連合は麻薬資金を洗浄するパナマとフロリダの銀行と関係があることがよく知られている公人たちで構成されていた。そのリーダーであるギジェルモ・エンダラは、テレビで公然とノリエガ暗殺を呼びかけた。

パナマに帰国後、エンダラは、そのような行動をとったことはないと否定した。そしてノリエガは、コスタリカの陰謀家たちに対抗して、ロドリゲス大統領から中南米の大統領たちに公開書簡を送らせ、そこには、ブッシュ大統領が明らかにできなかった、パナマを多国籍麻薬対策軍の司令部にするという国連への申し出が記されていたのだ。

1989年10月3日の国連への書簡では、パナマでの全権を保障する国際条約によって、このような部隊を設立することを求めたが、ブッシュ政権や国連からは何の反応もなかった。また、この書簡はベネズエラと他の「ブッシュのパートナー」がパナマの「民主化」を求めたことを非難したが、ブッシュ大統領が正当な理由もなく行った違法かつ悪質なボイコットには全く触れなかった。1989年10月から11月にかけて、パナマの米軍はパナマ国防軍に嫌がらせをし、米軍の介入を正当化する事件を起こそうとしたが、PDFは何もしなかった。その後、ブッシュ政権がパナマでの米軍の交戦規則を変更したことが示された（1989年5月）。

今、軍はPDFとの対決を求め、あらゆる手段を講じるよう命じられた。国防総省は、パナマとの条約に反して、パナマ市郊外に輸送隊を送り込み、ノリエガ兵を挑発する準備を密かに進めていたのだ。ノリエガが怒って、PDFにアメリカの輸送船団と対決するように命令し、それが

大きな紛争のきっかけになるというのが大前提だった。

## 米軍の介入

1989年7月8日、パナマの米軍南部司令官シスネロス将軍は、米州機構（OAS）が交渉して危機を解決しようとする試みを一蹴した。シスネロス将軍は、OASが

> 「ノリエガを追い出すほどには、毅然とした態度はとらないだろう。私としては、そろそろパナマに軍事介入してもいいんじゃないかと思うのですが……。"

いつから米軍が政治問題を決めるようになったんだ？この行動は、ブッシュがイラクに対して何を考えているのかを試されているようなものだった。1989年12月20日、他のすべての方法が人民的なノリエガを追い出すことに失敗した後、ブッシュはパナマ国民に対する暴力的な侵略行為に許可を与え、7000人のパナマ人の死と米軍と航空機の持続的な砲撃によるチョリロ地域全体の破壊を招いたのだ。米軍によるこの行動は、平和国家に対する公然たる侵略行為であり、米国憲法や米国が加盟しているハーグ条約、ジュネーブ条約に明白に違反するものであった。

ブッシュ大統領が、議会から宣戦布告を受けることもなく、小国パナマに戦争を仕掛け、まるで自暴自棄のように国家元首の誘拐を命じた本当の理由を検証してみようか。なぜ、ブッシュ大統領はノリエガを排除するために、あのような必死の手段に出なければならなかったのだろうか。なぜブッシュはこのようなヤクザな戦術に走ったのだろうか。一部報道によると、中南米諸国に対して、今後、ワシントンの意向に従わなければ、彼らも米国の軍事行動で脅かされると警告することが主な理由の1つであったという。

パナマとノリエガに対する米国の違法な軍事行動をめぐ

る大規模なプロパガンダキャンペーンは、大統領がパナ
マでの麻薬取引を終わらせると世界に信じさせようとし
、ノリエガが主導していると非難したが、部分的にでも
成功したと信じるに足る理由はない。米国憲法にも国際
法にも、パナマへのいわれのない攻撃は前例がない。

ブッシュ大統領はどのような実質的な証拠を提示して、
彼の非難を支持したのでしょうか？証拠は一つも提出さ
れなかった。私たちは、大統領の言葉を信じるしかなか
ったのです。では、侵略の目的は何だったのでしょうか
？第一の目的は、パナマの法と秩序を維持できる唯一の
力であるパナマ国防軍を破壊することであった。この目
的が達成されると、次のステップは、最も非民主的な手
段によって、麻薬マネーロンダリング銀行と最も密接な
関係を持ち、ブッシュ家の長年の支持者として知られる
人々からなる傀儡政権を設立することであった。

PDFの破壊には、もう一つ副次的な目的があった。それ
は、アメリカとパナマが共同でパナマ運河を防衛すると
いう条約に関わることだった。この約束は、1999年には
解除され、その時にはPDFが運河の警備の全責任を負う
ほど強くなっており、米軍は撤退を余儀なくされること
になっていた。条約の重要な条項には、パナマがそのよ
うな治安部隊を提供する義務を果たさない場合、「米軍
の駐留を維持する」と規定されていたのである。この規
定は、条約を起草したソル・リノヴィッツが挿入した当
時は「良い」規定だと考えられていた。これは、将来の
パナマの指導者が「一線を越える」ことを防ぐためにあ
るのだが、オマール・トーリホスについては何の問題も
想定されていなかった。

トリホスが、麻薬マネーロンダリングの銀行を守るため
に、デビッド・ロックフェラーとの個人的な契約を反故
にし始めたとき、その段階でPDFを破壊することは不可
能だった。体を分割する反乱を起こそうと何度も試みた

が、すべて失敗に終わっている。そのため、トリホスはC
IAのやり方で　　　　　　　　　　　　　　　　"清算
"された。清算」は、アラン・ダレスがCIAのトップを務
めた後、CIAの言葉として使われるようになった。それ以
前は、アメリカの情報機関でもこの言葉は使われたこと
がない。それは厳密にはスターリン主義の言葉だった。

なぜパナマに米軍を恒久的に維持することが望ましいの
でしょうか。湾岸戦争の到来と米軍による第二次イラク
侵攻がその鍵を握っている。米国は、パナマに迅速展開
部隊を駐留させ、不誠実なラテンアメリカやカリブ海諸
国に対して使おうと考えた。同じように、イラクに迅速
展開部隊を常駐させ、米国と友人であったことを後悔す
るかもしれないイスラム諸国を相手にしようと考えたの
だ。

これは、ペンタゴンのプランナーが確立した、いわゆる
「半球投射ドクトリン」である。パキスタン、韓国、ソ
マリア、イラン、アフガニスタンなど、世界各地に同様
の恒久的な基地ができるだろう。米国は、新世界秩序と
して知られるようになった世界規模の執行者である「大
きな棒」の役割を緩和していく。しかし、これまでのと
ころ、上院ではこれに対する抗議の声は一つも上がって
いない。これらの出来事は、私の著書「ワン・ワールド
・オーダー、*社会主義独裁*」で予言されていたことを、
謙遜せずに付け加えよう。[4]

パナマは、アメリカのラテンアメリカ諸国に対する作戦
の拠点として重要となっている。ラテンアメリカ諸国は
、将来、貢ぎ物を集めるIMFに反抗するかもしれない。
彼らは、自分たちの国民と国が国際的な両替商が作った

---

[4]*社会主義世界秩序の独裁*、オムニア・ベリタス社、www.omnia
-veritas.com。

泥沼に消えていくのを見るからである。IMFを追い出そうとする国があれば、IMFの「国際警察」であるアメリカ合衆国が直ちに行動を起こすことが要求されることは明らかである。こうして、クレイトン砦の基地は、新たな重要性を持つことになった。ラテンアメリカは、パナマにおけるアメリカの軍事行動の冷酷さに脅かされ、恐怖を覚えた。率直に言って、これらの国の指導者たちはそれを予期していなかったし、それが来たとき、その猛烈な勢いで彼らを怖がらせた。

明らかに、ラテンアメリカの指導者の大多数は、髑髏城ドラゴンズが「シュライナーズのような」慈悲深い組織で、ある幹部が言うように「より優しく、より穏やかなアメリカ」を作ってくれると考えていた。

英国王室が米国の活動に関与していることも、麻薬取引と長年にわたってつながっていることも、彼らはほとんど知らなかった。この情報を裏付けるように、非民主的な方法で力づくで設置されたエンダラは、2000年以降、パナマのすべての基地を米軍に提供することを提案した。

ブッシュのパナマ侵攻の第二の目的は、最も重要なコカインカルテルのために麻薬資金の洗浄を主業務とする銀行と長年にわたって提携してきた歴史を持つ、選ばれた手先による新政府を樹立することであった。この中で、ブッシュの使命は、ノリエガ将軍が根こそぎ取り壊すと脅し始めたパナマのロックフェラー銀行の権益を守ることであった。実際、ブッシュのこの目的は達成された。

パナマ侵攻の第三の目的は、アメリカ国民に、大統領の対麻薬戦争の大規模なエスカレーションであると信じさせることであった。この戦争は、決してどこにも行かない、存在しない神話上の行動である。パナマに侵攻することで、ブッシュは「麻薬との戦い」が大きく前進することを知っていた。特に国会議員たちは、進展がないこ

とに頭を痛め、麻薬の合法化を求めるプレッシャーを常に受けている状態だった。次の段階は「テロとの戦い」であり、それは世界的な規模で、期間も無期限である。

1990年2月、とても不思議なことが起こり始めた。アメリカのメディアは、常にブッシュとその独裁政権の支持者であるが、異様な音を立て始めた。例えば、2月7日付の*New York Times*の報道。同紙がアメリカの高官を中心としたイギリスの情報機関の出先機関であることを差し引いても、同紙が真実を公表したことは腑に落ちない。

以前の記事を参照すると、ニューヨークタイムズ（NYT）は、私が麻薬資金を洗浄する腐敗した銀行と密接すぎるとして批判していた人々の名前を挙げたことは注目に値する。パナマは米国の圧力に抵抗し、不十分な銀行法を変える」という見出しで、次のような記事が掲載されている。

> パナマの銀行記録と裁判資料を精査すると、マネーロンダリングで起訴されたことはないものの、多くの政府高官（米国が設定した）が腐敗した銀行と密接な関係をもっていることがわかる。これらの銀行のいくつかは、マネーロンダリングで起訴されたり、米国の圧力で閉鎖されたりしている。

この記事は、これらの銀行を閉鎖したのはノリエガの行動であり、アメリカがノリエガを支持したわけではない、とは書いていない。すべての事実を見ていくと、パズルのピースがはずれていく。もちろん、ニューヨーク・タイムズ紙は、米国が銀行閉鎖を扇動したと見せかけようとしたが、全くそうではない。さらに、この変化に対する「抵抗」をワシントンから発せられたとすることで、米国は本当に麻薬戦争を行っているが、新政府は協力していないと見せかけることができた。これはかなり巧妙な策略だと読者は同意せざるを得ないだろう。

記事はこう続く。

> ギジェルモ・エンダラ大統領は、コロンビアのメデジン
> ・カルテルが広く利用しているパナマの銀行の取締役を
> 長年務めていた。

何年も前に書いたパナマの単行本の内容を、思いがけな
いところから確認することができたのは、私にとっても
嬉しいことであった。Banco Interoceanico de
Panamaは、FBIが麻薬資金洗浄業者として指名した24のパ
ナマ銀行のうちの1つで、*New York
Times*が言及した銀行である。続けて、こう言った。

> 大統領になる前はビジネス弁護士だったエンダラ氏は、4
> 月（1989年）にアトランタで大規模なコカイン密輸組織
> を設立した共謀罪で逮捕されたパナマ人実業家カルロス
> ・エレタ氏と親交がある。保釈され、現在は裁判を待っ
> ている。

もちろん、*New York
Times*はそこまで踏み込んでいないが、書いていないこと
はここにある。つまり、マネーロンダリング銀行で首ま
で使っていたのはエンダラだけでなく、ブッシュ政権に
非常に気に入られていた彼の友人もいた、ということで
ある。

その他、ブッシュ政権の「パナマ内閣」の有力メンバー
には以下のようなものがある。

## ロジェリオ・クルス

クルスはパナマの司法長官である。第一インターアメリ
カン開発銀行取締役を経て、現在に至る。この銀行のオー
ナーは、以前にも紹介したコロンビアのカリ・カルテル
の高官であるジルベルト・ロドリゲス・オレジュエラ
であった。

## ギレルモ・ビリー・フォード

第2副社長で銀行委員会の委員長を務める。彼はまた、私のモノグラフで麻薬マネーロンダリング銀行として特別に名前が挙がっているデイドランド銀行の一部オーナーでもあるのだ。この銀行は、メデジン・カルテルの主要な資金洗浄者であるゴンサロ・モレスの麻薬資金の決済機関でもあった。

## リカルド・カルデロン

カルデロン氏はパナマの第一副大統領で、彼の家族は怪しい銀行に深く関わっていたことが記録に残っている。

## マリオ・ガリンド

ガリンドとその家族は、カルデロンと同様、麻薬資金の洗浄が疑われる銀行に関与していた。バンコ・デル・イシュトモスは、社長のサミュエル・ルーズ・ガリンドがマリオ・ガリンドと親族関係にあった。

これらの要素はすべて、デイドランド銀行で働いていたイワン・ロブレスと、アメリカに大量のマリファナを密輸していたアントニオ・フェルナンデスにはよく知られていたことだった。1976年、フェルナンデス・ネットワークは、フォード、アイゼンマン、ロドリゲスの3人が共同所有していたデイドランド・バンクの株を買い始めた。ブッシュ大統領は、ロドリゲスをエンダラの「ポーキー」な特使として温かく迎えた。この人たちをパナマ政府の有力者に据えることで、ブッシュ政権は、先に述べたようにパナマ侵攻の第2の目的であるパナマでの麻薬取引を困難にするのではなく、容易にする、という目的を達成したように思われる。

パナマの秘密保護法の廃止を求める声を受けて、フォードは自らの立場を守るために、"秘密が違法な目的のために使われることはない
"と、法律を変える必要はないと述べた。また、会計監査人のように、パナマはいかなる法律も変えないという人

もいた。

> "薬物のために法制度全体を変えるべきではありません。薬物という一つのもののために、法体系全体を変えることはできない」。

と、ルーベン・ディアロ・カルロスは言った。ノリエガがやったことは、まさにこれであり、強制的に排除しなければならなかった最大の理由であることを、誰もあえて言及しなかった。

1989年12月31日、ブラジルの権威ある日刊紙『ジョルナル・ド・ブラジル』は、「麻薬密売人との危険な関係」と題する記事を1面に掲載し、パナマのブッシュ政権の「側近」たちの名を挙げた。マイアミで行われたノリエガ裁判の評決を前にして、彼らはこう言ったのだ。

> 「...もしノリエガ将軍がマイアミで無罪になれば、彼は殺人罪で起訴されるでしょう」。

私はその記事を翻訳した。基本的には、ギジェルモ・エンダラは、"600キロのコカインを洗浄し、米国で麻薬資金を洗浄した罪に問われている
"カルロス・エレタと関係があるので、特に弱くなるだろうと述べている。この記事では、カルデロン副大統領の弟であるハイメ・カルデロンの名前も挙がっており、彼は1985年に麻薬の売買代金である4600万ドルをニューヨークのBanco                    Cafetero
Panama支店に振り込んだとして訴えられたGilberto
Orejulaが所有するFirst          Inter          Americas
Bankと関係があるとのことだった。記事によると、ビリー・フォードは、ワシントンの大使、カルロス・ロドリゲス、ボビー・アイゼンマンとともに、フロリダのデイドランド国立銀行を通じた麻薬資金の洗浄に関与していたとのこと。

小見出しでギジェルモ・エンダラは「アメリカ人のゲー

ムにおける惨めな小間使い」と表現されている。記事には、"エンダラはパン・ドゥルセ（菓子パン）と呼ばれ、太くて柔らかい。"とある。エンダラは、1904年から登場した白人寡頭政治の貧しい家系の一つである、と書かれている。

> エンダラは、パナマ市の無名の弁護士として、アヌルフォ・アリアス政権の外務大臣であったガリレオ・ソリズの事務所で政治家としての人生を歩み始めた。エンダラは自分の考えを持たず、子犬のように忠実で、アリアスの言うことを繰り返す。だから、ブッシュは彼を「イエスマン」に選んだのだろう。

ブッシュがパナマを任せたかったのは、こういう人たちだったのだろうか。しかし、パナマの「ブッシュ政権」を非難する理由はいくらでもあるのに、マヌエル・ノリエガが関与しているとする証拠は、法廷では一つも提出されていない。アメリカの大陪審は、とっくにこの事件を調査すべきだったのでは？ノリエガが長い間隔離されていたのは、そういう理由もあったのでしょうか。司法省はノリエガが証言台で何を言うか恐れていたのでしょうか？

パナマでの出来事は、ブッシュの麻薬戦争がいかにインチキであったかを示しています。それを信じない人はあまりいないでしょう。もちろん、それが薬物合法化推進派にとって最大の利点です。アメリカの膨大な資源をもってしても、麻薬取引は止められない。なぜ、避けられないものと戦おうとするのか？なぜ、集中管理し、犯罪者の手から麻薬を奪うような法律を作らないのでしょうか？"早くしないと内戦になる
"と議会に働きかけ、脅す人たちがいる。アメリカの主要都市で主に貧困層に向けられたとされる「警察の残虐行為」が毎晩のニュースで絶え間なく映し出されるのは、望ましい効果をもたらしている。これらの報道が「ニュース」であると想像してはいけない。この時期の主要な

ニュースネットワークの目標と目的は、貧しい人々に、自分たちは警察の残虐行為の犠牲者であり、「大物」（通常は白人）がそれを逃れていることを理解させることであった。黒人の指導者たちは、黒人への「圧力」を取り除くか、薬物を合法化することを要求した。

パナマ侵攻は、麻薬ロビーに基盤を与えた。「もし麻薬の流入を止められなかったら、警察はどう対処するつもりなのか」と質問された。麻薬推進派のリーダーの一人であるアンドリュー・ワイルは、麻薬政策財団の会議で、麻薬捜査における警察の都市黒人に対する残虐行為のために、いつ内戦が起きてもおかしくない、と語った。アメリカ自由人権協会のアイラ・グラッサー事務局長は、薬物合法化はジョージ・シュルツ、ウィリアム・F・バックリー、ミルトン・フリードマンといった著名人が支持する右派の問題になっていると聴衆に訴えた。グラッサー氏は、薬物合法化について「否定的な意見を通り越して、警察や議員、国民を説得することを始めるべき」と訴えた。

Drug Policy Foundationの副社長兼法律顧問であるKevin Zeese氏は、次のように述べています。

> 薬物戦争は、薬物よりも有害である。それが、バランスの良さにつながっています。薬物との戦いは、薬物以上に社会にとって危険なものなのでしょうか？経済的な面だけでなく、人的な面でも、社会にとってよりコストの低い方法で薬物問題に対処することはできないか。

ヘロインは苦しみから逃れるためのもので、それは党派を超えて理解できると、ゼーゼーは言い続けた。誘拐されたノリエガ将軍がマイアミの連邦刑務所に収監されている今、ブッシュ司法省は彼をどうするつもりなのだろうか。

私が困惑していることのひとつは、アメリカ政府によって彼になされた犯罪について、この国や世界中の市民的

自由の団体が耳を塞ぐような沈黙を守っていることだ。国家元首が誘拐されれば、自由の番人である彼らから抗議の声が上がることは想像に難くない。しかし、そのようなことは何も起きなかった。もし、ネルソン・マンデラ氏が南アフリカから拉致され、裁判のために例えばイタリアに連れて行かれたらどうなっていたか、想像してみてほしい。マンデラ氏が釈放されるまで、延々と騒ぎが続いたことだろう。ノリエガの誘拐と違法監禁は、この国に嘆かわしいダブルスタンダードがあることを浮き彫りにしている。どうやらアメリカ国民はそれほど悪いとは思っていないようだが、それともマスコミに洗脳されているからだろうか？

ノリエガ将軍の裁判は、なぜこれほど長く遅れたのでしょうか？何しろ、弁護士との電話のやり取りを監視し、国選弁護士を受け入れざるを得ないように資金を凍結するなど、考えられる権利の侵害はすでにすべて行われていたのだ。さらに、米国はパナマを完全かつ自由に支配しているため、司法省は彼を起訴するのに必要な証拠書類を持っていると想像される。なぜ見苦しいほど長い間待たされたのか？正義の遅延は正義の拒否ではないのか？

1990年11月16日、ノリエガはウィリアム・ホエブラー判事に対して、ノリエガ事件でいかに正義が濫用されたかを示すために、繰り返し述べる必要がある発言をしたのです。

> 「私は今、完全に不公平で不公正なシステムに翻弄されており、検察官が選ばれ、今度は弁護人が選ばれる。アメリカに連れて来られたとき、私は公平な裁判を受けられると勘違いしていました。そのためには、自分のお金で好きな弁護士を雇えばいいとも思っていました。米国政府は、私が自らを守ることを望まず、公正な裁判と適正な手続きを拒否するためにあらゆる手段を講じていることは、痛いほど明らかです。

彼らは私のお金を奪い、弁護士を奪い、独房で私を撮影し、弁護士との会話を盗聴し、さらにそれをエンダラ政府やマスコミに提供しました。アメリカ政府は、私の捕虜としての地位を無視し、ジュネーブ条約に違反したのです。

もっと悪いのは、彼らが人道的に行動しなかったことだ。国際赤十字からの再三の要請にもかかわらず、妻子の夫と父親への面会ビザを拒否するという人権侵害を行い、これは国際法違反の恥ずべき行為である。

私が自分の身を守れないのは、明らかにアメリカ政府の利益のためだ。彼らが何を恐れているかがわかるからだ。これは薬物事件ではありません。この事件は、ホワイトハウスを含む米国政府の最高レベルにも影響を与えるものだと認識している。

この事件がフェアな戦いになるなどという幻想は持っていなかったが、事実上の検察・捜査当局の軍隊がこのような偏った戦場にいて、何の報酬もなく、検察庁が核兵器を持つ一方で、銃しか持たせてもらえない弁護士だけが許されるというのも予想外であった。彼らはそれをフェアな戦いと呼んでいる。これからの戦いは、アメリカが私の国を侵略したときの戦いと非常によく似ているのだ。それは一方的で不公平なことであり、この戦いもそうです。"

ノリエガが置かれた状況は、すべてのアメリカ人がいつか腐敗し、残忍化した政府に直面する可能性がある状況だったのだ。ノリエガの苦境は、7月4日をあざ笑うかのようなものだった。米国憲法を馬鹿にしている。一方、ノリエガを擁護する声は一つも聞こえてこない。私にとっては、それが最も恥ずべき事態の一つである。ノリエガに起こったことは、すべてのアメリカ人の責任なのだから、これは無視できる状況ではない。メディアでほとんど無視されているのは、パナマに侵攻しノリエガ将軍を誘拐したことで、米国は米国憲法だけでなく、自らが加盟している米州機構（OAS）の憲章の18、15、20、51

条にも違反しているという事実である。

第18条には、次のように書かれています。

> いかなる国または国の集団も、直接的または間接的に、いかなる理由によっても、他国の内政または外政に介入する権利を有しない。

第20条には、次のように書かれています。

> 国の領土は不可侵であり、一時的であっても他国による軍事占領その他の武力行使の対象となることはない。

先ほど、ブッシュはパナマ侵攻の前に議会から宣戦布告を得なかったと述べた。その代わりに、ブッシュは憲法を回避するために、以下の原因による国家緊急事態のために国家緊急事態法を発動すると議会に通告することを選択した。

> 「パナマ共和国が米国の国家安全保障と外交政策にもたらす異例かつ異常な脅威」。

このいわゆる法律はまったくの茶番で、「タブラ・ラザ」と呼ばれる、合衆国憲法を覆すためだけに作られた価値のない紙切れである。

1989年12月20日に大統領がアメリカ国民に言ったことは嘘だった。

> "先週の金曜日、ノリエガ将軍は彼の軍事独裁政権が米国と戦争状態にあることを宣言した。"

実は、このような不条理な告発を裏付ける証拠は、ひとつもなかった。

要するに、あからさまな嘘だったのだ。大統領が行ったこと、言ったことの全てに関わらず、パナマに対する宣戦布告を得ることができなかった。これは、同国をイラクと戦争させることによって繰り返され、おそらく米国憲法の死の始まりを見ることになるであろう。

もうひとつの大統領の嘘は、12月20日に次のように主張したことだ。

> "ノリエガ将軍の無謀な脅迫とパナマのアメリカ人に対する攻撃は"
> "パナマにいる3万5000人のアメリカ国民に差し迫った危険をもたらした"

実は、米軍関係者への攻撃は、シスネロス将軍が命じた意図的な対決計画の結果、1件だけだったのである。そのたった一つの悲劇は、3人の米海兵隊員が3か所のPDF検問所を車で通過したときに起こった。4番目に止められた後、制服を着ていないPDFと海兵隊員との間で口論になった。

海兵隊員たちは逃げ出し、何度も止めるように言われた後、発砲し、そのうちの1発が命取りになった。この兵士の死はブッシュ大統領の責任である。この悲劇だけで、ブッシュはノリエガ将軍がアメリカに宣戦布告し、「パナマ運河条約の完全性を脅かした」という不条理な主張の根拠としたのだ。チェイニー長官がアメリカ国民に語ったのは、ブッシュ政権は1989年3月の時点で侵攻計画を準備していたということだ。

チェイニー長官自身、12月20日の発言で、これを裏付ける傾向がある。

> "以前からあった計画を実行に移すため、日曜日の深夜に命令が下された。昨年の春、私が国防長官に就任したとき、最初に説明を受けたことの一つである。"

チェイニーは永遠の問題児であり、騙しの達人であった。この男の二枚舌のために、米国は多くの財宝と息子を失う運命にあるのだ。今後、公職に就くことを禁止すべきです。もう一つの政権の嘘は、1989年12月20日、マーリン・フィッツウォーターが大統領を代表して発表したものだ。フィッツウォーターは、「パナマ運河条約の整合性が危機に瀕している」と国民に訴えた。同日、ベー

カー3世は、米国の侵攻の目的の一つは「パナマ運河条約第4条に基づく米国の権利の完全性を守ること」であると報道陣に語った。しかし、ノリエガが条約の整合性に対してどんな脅しをかけてきたか、具体的に挙げてみろと言われても、ベイカーは何も答えられなかった。彼の答えはこうだった。

> つまり、ノリエガが不法に権力を保持し続ければ、運河に問題が生じることを予見していると、すでに述べたことを尊重して申し上げたいのです」。ここ2、3年の間、私たちの権利の完全性に対する挑戦という点では、私は、昨年、つまり、過去に戻るべきかもしれませんが、昨年、条約上の権利を行使するアメリカ人に対する嫌がらせが続いていることに言及したいと思います。"

ノリエガがアメリカの運河の権利を脅かしていたという、この不器用でつまずいた、急いで作り上げた「証拠」が、ベーカーにとって精一杯のものであった。なんという下手な嘘つきなのだろう。しかし、ブッシュ大統領、チェイニー長官、ベーカー長官が出した全く根拠のない、裏付けのない証拠に基づいて、この国は条約を結んでいる主権国家に対して重大な違法侵略を行い、国際法、憲法に違反したのである。

ノリエガ将軍を誘拐することで、わが国政府はバーバリー海賊のレベルにまで身を落とし、そうすることで合衆国憲法と国際法を踏みにじったのである。好むと好まざるとにかかわらず、この言葉が辛辣で神聖なものに見えようとも、事実は事実であり、否定することはできない。国家として、私たちはブッシュ大統領とともに、彼の政権の無法な行為に等しく責任がある。なぜなら、私たちは抗議の声も上げずにそれを傍観し、許してきたからである。

ブッシュ大統領は放送で、パナマ侵攻を命じた理由のひとつは「民主主義を守るため」であるとアメリカ人に語

った。

誰も気づいていなかったが、これがイラク戦争への口実のひとつになりそうだった。イラクでは、それまで独裁政権に民主主義の気配がなかったにもかかわらず、民主主義を救わなければならなかった。ちなみに、アメリカは民主主義国ではなく、共和国である。私たちは世界の警察官でもありません。

イラクに対する大量虐殺戦争以来、私たちはもはや法治国家ではなくなったのですパナマでは、民主主義が生きていた。米国が加盟しているOAS条約に著しく違反し、2年間にわたりパナマの内政にしばしば粗野で露骨な干渉を加え、1989年5月にはノリエガ将軍を暗殺しようとする少なくとも2件の犯罪行為があったにもかかわらず、国政選挙が実施されたのである。

ブッシュ大統領の反応は？メディアのジャッカルに強力に支持され、ブッシュ政権は、エンダラ、ビリー・フォード、カルデロンの重篤な麻薬にまみれた野党のプラットフォームを支援するために1100万ドル以上を費やした。

情報機関を含む米国政府のすべての部門が関与したフィリピンの選挙の経験に基づき、ブッシュはパナマの人々に対して「マルコス・シナリオ」の展開を命じたのである。ブッシュに資金提供されたエンダラの一団は、不安の波を放ち、投票箱を盗んで、投票が数えられないようにし、その間ずっと「票が改ざんされた」と声高に叫んでいた。フィリピンの選挙と同じように、売春婦から金をもらった「国際監視員」と、いつものマスコミのジャッカル軍団が、この嘘に賛同し、アメリカそのものに起こる不吉な前兆を叫んでいるのだ。

ブッシュが引き起こした混乱の中で、票を数えることができないパナマ政府は、他の政府ならやりそうなこと、

つまり選挙を中止したのである。ブッシュ政権が行った大規模かつ広範な妨害工作を考えれば、そうしないわけにはいかなかったのだろう。少なくとも、ブッシュはそうなることを望んでいた。それでもパナマ政府は、自分たちが正しいことをしようとしているのだということを、世界に証明しようと躍起になっていた。麻薬に汚染された野党のエンダラに連立政権に参加する機会を提供した。

ワシントンの助言で、この寛大な申し出は「貧しい白人の小作人」エンダラによって拒否された。イラクの「交渉」で見たように、ブッシュはPDFを破壊し、ノリエガを誘拐してパナマを占領することを決意しており、公平な立場の人間がいくら好意を示しても、その目標達成を阻止することはできなかった。実は、ブッシュ政権の下で、アメリカは世界で最も邪悪な国、まさに専制君主制の国になってしまったのです。

ブッシュ大統領は、そのキャリアの中で最も驚くべき大胆な行為の一つとして、麻薬密売に関わるエンダラギャングを「パナマの正式な政府」であると宣言したのである。麻薬洗浄銀行と深く関わっている彼らが、米軍基地で「宣誓」したのだ。ジャングルの掟があるとすれば、それはこれだ。そしてその45分後、アメリカは今世紀で最も露骨な侵略行為の1つとして、パナマの主権国家に侵攻した。なぜなら、パナマで起こったことは、共和党が帝国を建設する政党になるにつれて、必ず国内、いや、どこでも繰り返されるからである。

私たちは、沈黙を選択することによって、悪が勝利することを許してきました。アメリカの手によって他国が苦しんでいることに無関心でいたのだから、自分たちの番が来たときに、自分たちだけを責めることになるのだ。パナマやイラクで行われている弱肉強食の行動にさえ、抗議をしない私たちは全能の神の罰に値するのです。私

はどこに行っても「God Bless America」というポスターや看板を目にする。しかし、これほど多くの悪が神の名の下に行われているのに、なぜ神はアメリカを祝福するのだろうかと自問しなければならない。

ブッシュ大統領が提唱したパナマ侵攻のもう一つの言い訳は、パナマに行くのは「麻薬取引と戦うため」だった。これは、1989年12月20日、ブッシュがパナマとアメリカの人々への「クリスマス演説」を準備しているときに、大胆にも言ったことである。麻薬取締局のファイルを調べると、前取締局長のジョン・ローンが、ノリエガ将軍やPDF、パナマ政府から受けた全面的な協力を、しばしば輝かしい言葉で引用していたことがすぐにわかるだろう。ノリエガ将軍の在任中に、麻薬問題はかなり減少していた。

1989年5月27日、ジョン・ローンはノリエガに宛てて、麻薬密売人の銀行口座の差し押さえに成功し、ローンが「連邦警察の歴史の中で最も成功した潜入捜査」と評した貴重な援助を受けたことを祝福する手紙を書きました。

ローンはこう述べた。

> 「再び、米国麻薬取締局とパナマ共和国の法執行当局が力を合わせ、麻薬密売人に効果的な打撃を与えることができました...」。"

パナマ共和国の他の当局者の有能で疲れを知らないプロとしての努力と、「ポアソン作戦」に対するあなたの個人的なコミットメントは、この捜査の成功に不可欠でした。

世界中の麻薬密売人は、彼らの違法行為の収益や利益がパナマでは歓迎されないことを知るようになったのです。

イギリスの貴族や、ウォール街の銀行が心配するのも無

理はない。ロックフェラーがブッシュにノリエガとパナマ政府を一刻も早く追い出せと命じたのも無理からぬことである。ノリエガは、麻薬との戦いに本当に真剣に、誠実に取り組んでいたのですノリエガは麻薬の売人だと主張したが、ブッシュ大統領はその主張を裏付ける証拠を提示することはなかった。

実際、全米麻薬国境取締システム（NNBIS）の下でフロリダ・タスクフォースを率いたアダム・マーフィーは、次のようにきっぱりと語っている。

> NNBISと南フロリダ・タスクフォースでの在職期間中、私はノリエガ将軍が麻薬取引に関与していることを示唆する情報を見たことがありません」。実際、私たちは常にパナマを、麻薬戦争における米国との協力のモデルとして掲げてきました。この国では、大陪審の起訴は有罪判決ではないことを忘れないでください。もしノリエガ事件が裁判になったら、私は証拠と陪審員の調査結果を検討するつもりだが、そうなるまでは、将軍が関与しているという直接的な証拠はないのだ。私の経験では、その逆です。"

しかし、ジョン・ローンが1987年5月27日の書簡でノリエガ将軍とパナマ政府を熱烈に推薦したにもかかわらず、それから1ヵ月もしないうちに、ブッシュはパナマの正当な政府に対して反乱を起こしたのである。カルロス・エレタとそのビジネスパートナーである小姓のエンダラは、すぐにパナマの米軍から支援を受けることになった。イランでも、アメリカのハウザー将軍の捜査中にモサデグ首相が卑劣にも解任されたのと同じ手口を目の当たりにした。

このみっともないOAS条約違反には、この国の誰からも抗議がなかった。テレビ伝道者のパット・ロバートソンと、自由を愛する彼の仲間たちは、アメリカ政府による無法が証明されているにもかかわらず、沈黙を守っているのである。したがって、政府がその無法な政策を内向

きにし、国民に内用するときに、私たちが手にすること
になるのは当然のことなのだ。パナマのノリエガ政権が
、米国が実際に麻薬戦争を行っていると愚直に信じ、米
国に対するOAS条約の義務を誠実に果たそうとする気持
ちから行った、パナマからの麻薬マフィア根絶の成功が
、パナマ政権とノリエガ将軍を崩壊させたのである。ブ
ッシュ大統領に合衆国憲法を無視することを許すことで
、私たちが知っているアメリカの終わりにもなる。

ノリエガとその政府が犯した「罪」は、自分たちの仕事
をうまくやりすぎて、ドープ・インターナショナル・リ
ミテッドとその役員である諸侯の足元を大きく踏みつけ
てしまったことである。ブッシュ政権が本当に麻薬戦争
をしていると信じている世界中の人々に、このことを教
訓として伝えましょう。ボリビアの巨大なコカイン・カ
ルテル「コーポレーション」とそのメキシコ側パートナ
ーに立ち向かった捜査官を含め、何人かのDEAの現場捜
査官が言うように、これはインチキ戦争であり、それ以
上でも以下でもないのだ。麻薬取引のトップと親しくな
りすぎると、「賞賛されるより引退させられる」可能性
が高いこと、暴君の手にかかり、傀儡法廷で運命を決す
ることになることを、彼らは身をもって知ったのだ。

2009年のパナマの状況は、麻薬がかつてないほど自由に
流れ、麻薬のマネーロンダリング銀行がより自由に活動
していることである。この国の経済はボロボロで、アメ
リカが何百万ドルも投入するのを待っているのだが、そ
んなことはどうでもいいのだ。重要なのは、「民主主義
」がこの国で勝利を収めたということだ。これをすべて
のラテンアメリカの国々に教訓として伝えようこのまま
では、世界のどの国も安全ではないということを、すべ
ての国の教訓としよう。アメリカの友好国になると、国
を失うこともある。

# 第5章

## 麻薬戦争におけるパキスタンの役割

ムスリム同盟は、ムハンマド・アリー・ジンナーとリアクアット・アリー・カーンの指導の下、パキスタンの第一次政権を樹立しました。

西パキスタンのパキスタン人民党（PPP）や東パキスタンのアワミ連盟など他の政党が台頭し、バングラデシュの誕生につながると、パキスタン政治におけるムスリム同盟の指導力はかなり低下した。パキスタンの最初の憲法は1956年に採択されましたが、1958年にアユブ・カーンによって中断されました。1977年にジア・ウル・ハクによって停止された1973年憲法は、1991年に復活し、政府の基礎を築く、この国の最も重要な文書である。

パキスタンは、イスラム教を国教とする連邦民主共和国です。半大統領制を採用しており、100名の上院と342名の下院からなる二院制の議会があります。

大統領は国家元首であり、軍隊の総司令官である。選挙人団によって選出される。

首相は通常、国民議会で最大党派の党首である。各州は、直接選挙で選ばれた州議会があり、最大政党または同盟のリーダーが州首相となる、同様の政治システムである。州知事は大統領によって任命されます。

パキスタン軍は、1958年から1971年まで、1977年から1988年まで、そして1999年以降、軍事政権が続き、パキスタ

ンの歴史を通じて政治の主流に影響力のある役割を担っ
てきた。1970年代には、ズルフィカル・アリー・ブット
氏が率いる左派のPPPが政治の中心的な存在となった。パ
キスタンは、ムハンマド・ジアウル・ハークの軍事政権
下で、英国時代の世俗的な政策から、シャリーアをはじ
めとするイスラム教に基づく法律の採用へと著しく変化
し始めた。

1980年代、シンド州、特にカラチでは、反封建、親ムハ
ジェール運動であるムッタヒダ・カーミ運動（MQM）が
、異端の教育を受けた都市生活者たちによって立ち上げ
られた。1990年代は、PPPと若返ったムスリムリーグによ
る連立政治が特徴的であった。

2002年10月の総選挙では、パキスタン・イスラム教徒連
盟（PML-
Q）が国民議会で複数の議席を獲得し、第2位はPPPの下
位政党であるパキスタン人民党（PPPP）の国会議員たち
であった。PML-QのZafarullah　　　　　　　　　Khan
Jamaliが首相になったが、2004年6月26日に辞任し、PML-
QのリーダーChaudhry　　　　　　　　　　　　Shujaat
Hussainが臨時首相に就任した。2004年8月28日、国民議会
は191対151の投票で、財務大臣で元シティバンク副社長
のシャウカト・アジズを首相に選出した。北西辺境州で
はイスラム系宗教政党の連合体であるムッタヒダ・マジ
リス・エ・アマルが選挙に勝利し、国民議会での代表権
を拡大した。

パキスタンは国連（UN）とイスラム会議機構（OIC）の
活発なメンバーであり、後者はパキスタンがイスラム世
界のルネッサンスと啓蒙を促進する計画である啓蒙的モ
デレーションのフォーラムとして利用している。また、
パキスタンは南アジア地域協力連合（SAARC）と経済協
力機構（ECO）という主要な地域組織の一員でもありま
す。特に1950年代前半、パキスタンは「アジアにおける

米国の最大の同盟国」として、中央条約機構（CENTO）や南東アジア条約機構（SEATO）に加盟していたが、米国との関係は複雑であった。

1980年代のソ連・アフガン戦争では、パキスタンは米国の重要な同盟国であったが、1990年代にはパキスタンの核活動に対する疑念から米国が制裁措置を講じ、関係が悪化した。9.11テロとその後の対テロ戦争で、特にパキスタンがカブールのタリバン政権への支援を終了した後、米国とパキスタンの関係は改善された。これは米国の軍事援助の大幅な増加に反映され、パキスタンは9・11テロ後の3年間に、それまでの3年間よりも40億ドルも多く受け取っている。

パキスタンは長い間、隣国インドと難しい関係にありました。カシミール地方をめぐる争いは、1947年と1965年に本格的な戦争に発展した。1971年の内戦は、バングラデシュ独立戦争、1971年印パ戦争へとエスカレートしていった。パキスタンは、1974年の「微笑みの仏陀」、1998年の「ポクランII」と呼ばれるインドの核爆発実験に対抗するため、1998年に核実験を行い、イスラム国家として唯一核兵器を保有する国となった。インドとの関係は、2002年の和平イニシアチブ以降、着実に改善されています。パキスタンは中華人民共和国と経済的、軍事的、政治的に密接な関係にあります。

パキスタンは、タリバンを支持する部族指導者がいる連邦直轄部族地域でも不安定な状態にある。パキスタンはワジリスタンの地元の不安を鎮めるために、これらの地域に軍隊を配備せざるを得ませんでした。ワジリスタン紛争は、最近宣言された部族指導者とパキスタン政府との和平合意によって終結し、この地域に安定をもたらすと期待されています。また、国土は最大だが人口が最も少ないバロチスターン州では、長年にわたり不安定な状態が続いている。

1973年から1976年にかけて、州内の深刻な反乱に対抗するために軍が投入された。1977年にラヒムディン・カーンが戒厳令の管理者に任命されると、社会は再び安定した。1980年代から1990年代にかけては比較的平和だったが、1999年にペルベス・ムシャラフが政権を握ると、一部の有力なバローチ族指導者が分離主義運動を復活させた。2006年8月には、バローチ族反政府勢力のリーダーであるNawab                    Akbar Bugtiがパキスタン軍によって殺害される事件も発生した。2007年11月3日、ムシャラフ大統領はパキスタン全土に非常事態を宣言し、憲法を停止すると称して戒厳令を発動しました。

イスラマバードでは、軍隊が最高裁判所に入り、裁判官の家を取り囲んだと報じられている。ベナジール・ブットやイムラン・カーンといった野党指導者は軟禁された。1999年にPCO政権下で就任したイフティカル・ムハンマド・チャウドリーが緊急事態令を違憲とし承認しなかったため、アヴドゥル・ハミード・ドガーがパキスタンの新司法長官に任命された。これを受けて、パキスタンは2007年11月22日、英連邦の理事会から加盟を停止された。

近年、北西辺境州のスワートでは、過激派聖職者マウラナ・ファズルラフが率いるイスラム過激派組織Tehreek-e-Nafaz-e-Shaariat-e-Mohammadi（TNSM）がパキスタン政府に反抗している。59の村では、武装勢力はシャリア法を課すイスラム法廷を持つ「並行政府」を設立している。

2007年9月末に4ヶ月間の停戦が終了した後、戦闘が再開された。暴力事件を鎮めるために準軍事組織「辺境警察」が派遣されたが、効果がないように見えた。

2007年11月16日、武装勢力が近隣の町シャンラのアルプリ地区本部を占拠したと報道されました。地元警察は、

地元武装勢力に加え、ウズベク、タジク、チェチェンの有志を含む武装勢力の進撃に抵抗することなく逃走したのだ。

過激派を巻き返し、秩序を回復するために、パキスタン政府は正規軍の部隊を投入し、失われた領土の奪還に成功し、イスラム教徒を山中の隠れ家に追い返したが、軍への自爆攻撃は続いていた。

米国特殊作戦軍は、パキスタンの部族地域におけるこのようなアルカイダと関連した反政府勢力に関して、パキスタンへの効果的な支援のための代替案を検討していると報道されているが、2008年に特別調査を行った後も、見通しは不透明なままである。

故ベナジール・ブット氏は、植民地支配後のイスラム国家を率いる初の女性として選出された。パキスタンの首相に2度選出された。1988年に就任したが、20ヵ月後に汚職の疑いで当時の大統領グラム・イーシャク・カーンの命令で罷免された。

1993年、ブットは再選を果たしたが、1996年、同様の理由で再び罷免された。1998年、ブットはドバイに亡命し、2007年10月18日にパキスタンに戻るまで滞在した。ムシャラフ将軍が特別法を制定し、それによってブットは恩赦を受け、すべての汚職容疑が取り下げられたのである。シンド系パキスタン人のズルフィカル・アリー・ブット元首相とイラン・クルド系パキスタン人のベガム（「夫人」）・ヌスラット・ブットの長女で、姪のファティマ・ブットからは露骨な汚職と1996年の弟ムルタザ・ブット暗殺の責任を夫アシフ・ザルダリとともに非難されている。

ブットは、ラワルピンディにあるプレゼンティション修道院で2年間学んだ後、ムリーのジーザス・アンド・メリー修道院に送られた。通常17歳のところを15歳でA級に合

格した。パキスタンで初等教育を受けた後、ハーバード大学で比較政治学を専攻し、優秀な成績で卒業した。

次の段階は、英国で教育を受けることになった。1973年から1977年にかけて、ブットはオックスフォードのレディ・マーガレット・ホールで哲学、政治、経済学を学んだ。オックスフォード大学で国際法・外交を学ぶ。1976年12月には、オックスフォード・ユニオンの会長に選出され、アジア人女性として初めて権威ある討論会のトップに立った。1987年12月18日、カラチでアシフ・アリー・ザルダーリー氏と結婚した。この結婚から、3人の子供が生まれた。ベナジール・ブットの父親であるズルフィカル・アリー・ブット元首相は、後にベナジール・ブットが直面するのと同様の汚職容疑で、1975年に首相を解任された。

1977年の裁判で、ズルフィカル・アリー・ブットは反体制派の政治家アハメド・ラザ・カスリーの父親殺害を共謀した罪で死刑を宣告された。この罪状は「国民から広く疑問視」され、ローマ法王を含む外国の指導者たちから何度も慈悲を求められたが、ブットは1979年4月4日に絞首刑に処されることになった。しかし、当時の大統領であったムハンマド・ジアウル・ハーク将軍は、慈悲を求める嘆願を拒否した。ベナジール・ブットさんとその母親は、父親の処刑後、5月末まで「警察キャンプ」に収容されていた。

1980年、弟のシャフナワズがフランスで不審な死を遂げる。1996年、彼女のもう一人の兄弟であるミール・ムルタザが暗殺され、彼女の2期目の首相就任は不安定なものとなった。学業を終えてパキスタンに戻ったブットは、父親の投獄と処刑を受け、自宅軟禁の身となった。1984年に英国への帰国が許され、父親の政党PPPの亡命指導者となったが、パキスタンで政治的存在感を示すことができたのは、ムハンマド・ジアウル・ハーク将軍の死後で

あった。彼女は母の後を継いで、ジアウル・ハック政権に反対するパキスタン人民党と民主化運動の指導者になった。

1988年11月16日、10年以上ぶりの公開選挙で、ベナジール率いるPPPは国民議会で最多の議席を獲得した。1998年12月2日、ブットは連立政権の首相に就任し、35歳で最年少、そして女性として初めてイスラム教徒が多数を占める国家の政権を率いることになった。

しかし、彼女の政権は1990年に汚職の罪で罷免され、その罪は裁かれなかった。そして、ジアの弟子であるナワズ・シャリフが政権を握った。1993年、ブットは再選されたが、3年後、当時の大統領ファルーク・レガリが、憲法修正第8条の裁量権を行使してブット政権を解散させ、汚職事件の大合唱の中で罷免された。最高裁は6対1の判決でレガリ大統領の弾劾を支持した。

2006年、国際刑事警察機構はベナジール夫妻の逮捕要請を出した。ベナジールに対する批判の多くは、パンジャブ系のエリートや有力な地主一族からで、ブットがパキスタンを民族主義的改革へと押し進め、封建領主の利益を犠牲にし、自国の不安定化の原因を作ったとして反対したのだ。汚職で大統領に解任された後、彼女の政党は10月の選挙で敗れた。その後3年間、ナワズ・シャリフが首相を務める間、彼女は野党党首として活躍した。1993年10月、新たな選挙が行われ、彼女の率いるPPP連合が勝利し、ブット氏は再び政権についた。1996年、彼の政権は汚職で再び罷免された。

フランス、ポーランド、スペイン、スイスの文書により、ベナザール夫妻はさらに汚職の容疑をかけられ、スイスの銀行を通じたマネーロンダリングの容疑も含め、両者は多くの裁判の対象になっています。夫のアシフ・アリ・ザルダリも同様の汚職容疑で8年間刑務所に入っていた。2004年に出所したザルダリ氏は、刑務所での生活が

拷問に近いものであったことを示唆している。

1998年のニューヨークタイムズの調査報告によると、パキスタン当局は、アシフ・ザルダリが大株主であるスイスの一族の弁護士に関連した銀行口座のネットワークを明らかにする文書を持っていたそうだ。記事によると、フランス当局が公開した文書によると、ザルダリは、パキスタン空軍の老朽化した戦闘機の代替機として、フランスの航空機メーカー、ダッソーに独占権を提供し、その見返りとして、ザルダリが支配するスイスの会社に5%の手数料を支払っていたとのことです。この記事には、ドバイの会社がパキスタンに金を輸入する独占ライセンスを与えられ、そのためにアシフ・ザルダーリはドバイにある彼のシティバンクの口座に1000万ドル以上の支払いを受けたとも書かれている。この会社のオーナーは、ザルダリへの支払いを否定し、文書は偽造であると主張している。

ブット氏は、自分と夫に対する容疑は純粋に政治的なものだと主張している。"これらの文書のほとんどは捏造されたものです。"そして、"これらの文書の周りで語られてきた物語は、まったくの虚偽です。パキスタン監査総監の報告書は、ブットさんの主張を裏付けるものだった。1990年、当時の大統領グラム・イスハーク・カーンが承認した魔女狩りによって、ベナジール・ブットが政権から追放されたことを示唆する情報を紹介しています。AGPの報告書によると、カーンは1990年から1993年にかけて、ブットとその夫に対する19の汚職事件を起こすために2800万ルピーの違法な支払いをしたという。

ブット夫妻の資産を検察がきちんと調べたところ、ブット夫妻のスイスの銀行口座には8億4千万ドルもの資産があるという。ザルダリはまた、イギリスのサリー州にチューダー・リバイバル様式の邸宅と400万ポンド以上の価値のある地所を購入した。パキスタンの捜査当局は、他

の海外不動産とザルダリ一族を結びつけている。その中には、ザルダリの両親が所有するノルマンディーにある250万ドルの豪邸も含まれており、結婚当時はささやかな資産しか持っていなかった。ブット氏は、海外に重要な資産を保有していることを否定している。

最近まで、ベナジール・ブット氏とその夫は、政府との契約や入札における数億ドルの「手数料」に関わる公的汚職の容疑にさらされていた。しかし、2007年10月にブット氏とムシャラフ氏の間で交わされた権力分立の合意により、ベナジール氏とその夫には恩赦が与えられた。この決定が成り立てば、多くのスイスの銀行が1990年代後半に凍結された口座の「凍結解除」を促すことになる。この大統領令は、原則的に司法によって争われる可能性があるが、司法については、最近の同様の動きから、その行方は不透明である。1998年7月23日、スイス政府はBenazir Bhuttoとその夫の汚職疑惑に関する文書をパキスタン政府に引き渡した。その文書には、スイス当局によるザルダリに対するマネーロンダリングの正式な告発が含まれていた。

パキスタン政府は、ブット夫妻が銀行に隠したとされる、1997年にスイス当局が凍結した1370万ドル以上を回収するため、大規模な調査を実施している。パキスタン政府は最近、ブット氏とその夫がさまざまな犯罪事業で受け取ったとされる推定15億ドルを追跡するため、ブット氏に対する刑事手続きを開始しました。文書によると、ザルダリが洗浄したとされる資金はベナジール・ブットの手に渡り、17万5000ドル以上のダイヤモンドネックレスを購入するために使用されていたことが示唆されている。

これに対してPPPは、イスラマバードが提供した虚偽の証拠にスイス当局が惑わされたと示唆し、容疑をきっぱり

と否定している。2003年8月6日、スイスの判事はベナジ
ールとその夫をマネーロンダリングで有罪とした。彼ら
は6ヶ月の執行猶予付き懲役刑、各5万ドルの罰金、パキ
スタン政府への1100万ドルの支払いを命じられました。

6年にわたる裁判の結果、ベナジールとザルダリは、パキ
スタンでの契約と引き換えにスイスの会社から渡された1
000万ドルをスイスの口座に預けていたことが判明した。
夫妻は控訴すると言っている。パキスタンの捜査当局に
よると、ザルダリ氏は1995年にジュネーブにシティバン
クの口座を開設し、パキスタンで事業を行う外国企業か
ら受け取った賄賂1億ドルのうち約4000万ドルをこの口座
を通じて流したとされている。

2007年10月、ジュネーブ州のダニエル・ザッペリ検察官
は、パキスタンのベナジール・ブット元首相に対するマ
ネーロンダリングの捜査結果を月曜日に受け取ったが、
スイスで起訴されるかどうかは分からないと述べた。

> ポーランド政府は、Benazir
> Bhuttoとその夫の汚職疑惑に関する500ページの文書をパ
> キスタンに引き渡した。1997年の取引で8,000台のトラク
> ターを購入したことに関するものである。パキスタン当
> 局によると、ポーランドの文書には、トラクター会社が
> 契約を受ける代わりに支払った違法な手数料の詳細が記
> 載されているという。この取り決めにより、1億300万ル
> ピー（200万ドル）の賄賂が「かすめ取られた」とされて
> いる。

ポーランドから受け取った文書による証拠は、アワミ・
トラクターのプロジェクトを立ち上げるという名目で、
アシフ・ザルダリとベナジール・ブットが仕掛けた賄賂
のスキームを裏付けるものである。

Benazir                    BhuttoとAsif              Ali
Zardariは、彼らのフロントマンであるDargal    S.AのJens
SchlegelmilchとDidier

Plantinを通じてこれらの購入で7.15%の手数料を受け取ったとされており、彼らはまた5900台のUrsusトラクターの供給で約196万ドルを受け取っていたのです。

捜査当局が明らかにした最大の支払いは、中東の金塊ディーラーがザルダリ氏の口座の一つに少なくとも1000万ドルを入金したことだ。ブット政権が彼に金の輸入を独占させ、パキスタンの宝飾産業と麻薬取引の燃料とした後である。そのお金は、ドバイにあるザルダリのシティバンクの口座に入金されたと言われています。カラチからイランとの国境に広がるパキスタンのアラビア海沿岸は、古くから金の密輸業者の巣窟となっていた。

ブット首相が2期目を始めるまで、年間数億ドル規模のこの取引は、規制されていなかった。ビスケットと呼ばれる金塊や、より重い金塊がペルシャ湾とほとんど無防備なパキスタン沿岸の間を飛び交い、輸送されたのである。荒涼としたマクラ海岸は、アフガニスタンからのヘロインやアヘンの大量輸送の中継地でもあり、ドバイに本拠を置く中東の英国銀行との金取引の中心地でもある。

1993年、ブット氏が首相に返り咲いた直後、ドバイのパキスタン人地金商アブドゥル・ラザク・ヤクブ氏が取引を持ち掛けた。ラザークは、金の輸入を独占的に行う権利を得る代わりに、政府が行う貿易の規制に協力することになった。1994年11月、パキスタン商務省はラザックに手紙を出し、少なくとも向こう2年間は、パキスタン唯一の金輸入業者として認可されるライセンスを取得したことを知らせた。

ドバイの事務所でのインタビューで、Razzakはライセンスを使ってパキスタンに5億ドル相当以上の金を輸入したこと、ブットやザルダリに会うために何度もイスラマバードに足を運んだことを認めた。しかし、汚職や密約があったことは否定した。"私はザルダリに1セントも払っていない"と言った。

Razzak氏は、自分の評判を落としたいパキスタンの何者かが、自分の会社が預金者として誤って認識されるように仕向けたと主張している。「銀行の中の誰かが、私の敵に協力して、偽の書類を捏造したのです」。

ドバイの金取引の基礎となっているにもかかわらず、巨大なヘロインやアヘンの取引には一切触れなかった。アフガニスタンのヘルマンド州にあるアヘンケシ農家では、作物の代金を紙幣で受け取ることはなく、必ず金で支払われる。2004年9月からはアラブ首長国連邦のドバイに住み、子供たちとアルツハイマー病の母親の世話をしながら、講演のために移動し、パキスタン人民党の支持者と連絡を取り合っている。そうすると、当然ながら疑問が湧いてくる。なぜドバイなのか？

答えは明白です。ブットはドバイに滞在し、ドバイ銀行が行う巨額の金取引を監督していた。2004年12月、3人の子どもたちとともに、5年以上ぶりに夫と父親との再会を果たした。

2007年1月27日、米国から招待を受け、ブッシュ大統領、議会および国務省の代表者と会談した。ブットは2007年3月、英国BBCの番組「クエスチョンタイム」に出演した。また、BBC                                    News Nightにも何度か出演している。2007年5月、サルマン・ラシュディの爵位授与に関するムハンマド・イジャズ＝ウル＝ハークの発言に対し、「外国人の暗殺を呼びかけている」と反論した。

ブットは、2007年5月にムシャラフが、2007年末から2008年初めに予定されているパキスタンの総選挙の前には暗殺される恐れがあるため、帰国を許可しないと発言したにもかかわらず、2007年に帰国する意向を示し、帰国を果たした。しかし、他の情報筋からは、「暗殺される可能性が非常に高い」と警告されていた。麻薬取引は非常に危険なビジネスであり、間違ってもこの儲かる取引の

大物の家族と交わることは、大きなリスクを伴います。

アメリカの歴史学者アーサー・ハーマンは、大統領とその政策を厳しく批判したブットの論文に対して、2007年6月14日付の*Wall Street Journal*に掲載された書簡で、彼女を「...」と評して物議を醸した。南アジアの歴史上、最も無能な指導者の一人」であり、彼女と他のパキスタン人エリートは、ムシャラフがムハジール（1947年の分離独立時にパキスタンに逃れた数百万のインド人ムスリムのうちの一人の息子）だから嫌っていると主張した。ハーマンはこうも主張する。

> 「そもそもパキスタン建国のために行動したのはムハジール人であるが、多くのパキスタン民族は彼らを軽蔑し、三等市民として扱っている」。

しかし、2007年半ばになると、米国はムシャラフが大統領にとどまり、軍のトップを退き、ブットかその候補者が首相になるという案を推し進めようとしているように見えた。

政治的な対立があるにもかかわらず、麻薬取引は行われていた。アフガニスタンからマクラ・コートへの道を遮断し、大規模なアヘン取引を禁止する勇気は、誰も持っていなかったのだ。このような大仕事は、誰にでもできることではありません。2007年、麻薬取締局は、アフガニスタンのアヘンケシの主要栽培地であるヘルマンドを、主にNATO軍指揮下の英米軍が常時パトロールしているにもかかわらず、同国のアヘン生産量が年間6000トンと過去最高を記録したと発表している。

麻薬の達人は、どんな政府がその国（ロシアを除くすべての国）を支配していても、革新的な方法、気分転換、方向転換でビジネスを続けられることを、改めて世界に示したのである。アメリカの新大統領、バラク・オバマ氏が望むような施策の実行が許されるのか、甚だ疑問で

ある。時間が解決してくれるでしょう。その間も、数十億円規模のビジネスは続いているのです。麻薬カルテルの新たな「ビジネスプラン」は、コカインの流通をメキシコ、カリブ海、パナマから遠く離れたアフリカにシフトさせることだ。

さらに、指導部はコカインの卸売価格を50%引き下げ、「ライン」1本分のコカインが5ドル以下となり、街行く客なら誰でも手が届くようになった。カルテルから見たこの計画の利点は、アフリカの輸入国は管理が容易で、1つか2つの例外を除いて法執行が極めて緩く、汚職に非常に敏感であることだ。

コカインがヨーロッパ市場に入るもう一つの国は、セルビア破壊の立役者と呼ばれるリチャード・ホルブルックの発案で、麻薬と白人奴隷を売買する退廃的な国アルバニアにプレゼントされただけの「コソバ」である。そう、信じられないかもしれないが、アルバニアの国民総生産は、麻薬密売と白人奴隷の収入で成り立っている。

今後、コソボでは、アルバニアで100年続いたようにコカイン取引が盛んになるだろう。DEAのエージェントがそれを止めようとすると、威嚇と殺人に遭うだろう。国連の反麻薬機関や西ヨーロッパ、アメリカの反麻薬部隊が新しい流通経路を把握するまでは、麻薬カルテルの支配者は自由に行動できるだろう。

# アップデート 2009年4月

3年前、メキシコ当局は、米国に押される形で麻薬密売人への宣戦布告を行った。この結果、米国が軍隊と十分な資金でメキシコを支援しない限り、メキシコは急速に衰退し、崩壊の危機に直面することになる。オバマ政権の新国務長官は、メキシコで起きている戦闘が米国に波及すれば非常に危険であることを認識しているが、最近CBSニュースに、人手と資金でメキシコを助ける措置を取る準備を進めていると語った。メキシコの麻薬王が、恐ろしいほどの残忍な行為でメキシコを恐怖に陥れているという事実を前にして、これまで米国が支援に消極的だったのは理解しがたいことです。メキシコはアメリカから遠く離れているわけでもなく、親密な関係があるわけでもない。実は、外交的にはカナダよりもメキシコの方が近いんです。

2009年1月、メキシコのテロリストが10人の兵士を誘拐した。その直後、銃弾を受けた彼らの遺体が、交通量の多い道路脇に捨てられていた。また、警察の情報提供者とされた市民が誘拐され、頭を切り落とされて、地下鉄を利用する数千人の運転手から見えるように高速道路の橋の脇に吊るされた事件もある。

2008年には、6,300人が麻薬テロリストに誘拐され、殺害されました。実際、メキシコシティは「世界の誘拐の中心地」という不名誉な評判を得ている。金持ちも貧乏人も被害者だ。最近、メキシコシティの中央広場に25万人が集まり、麻薬王に対する政府の対応の遅れに抗議した。しかし、メキシコには、麻薬王に対して圧倒的な対応

をするための人材も資金もないのが実情だ。しかも、麻薬王はメキシコ政府よりも武装している。

メキシコの警察と連邦麻薬取締局の捜査官。麻薬密売人は全自動ライフルと手榴弾を所持し、数々の戦闘でメキシコ警察を常時撃退してきた。彼らの高品質な武器は、アメリカのディーラーから現金で購入する。アメリカ政府は、この武器売却を止めるよう働きかけているという。メキシコに関する国連の最近の調査によると、麻薬取引は年間380億ドルという驚異的な規模であり、毎月のように多くの密売人がこのビジネスに参入しているという。メキシコの麻薬撲滅部隊には腐敗が蔓延しており、メキシコ司法長官は麻薬取引を抑制するための新たな方策を採ったというが、麻薬関連の凶悪犯罪は増加の一途をたどっていることがうかがえる。2008年、メキシコは5万7千人の麻薬密売人を逮捕し、米国政府は麻薬王との闘いに年間5,600万ドルを追加投入することを明らかにした。

懸念された通り、メキシコの麻薬テロはアメリカの230都市に波及し、2009年4月中旬現在、アメリカの犯罪のナンバーワンになった。私たちは、麻薬取引というアメリカにとって危険な脅威との戦いに参加する義務があるのです。私たちは、偉大な共和国を弱体化させ、崩壊させようとする冷酷な人間との戦いに身を置いていることを認識しなければなりません。米国はコロンビアのベタンコート大統領を見習わなければならない。国の未来全体がかかっているのです。これは、私たちが逃げ出すことのできる戦争ではありません。それは死闘である。私たちはこの戦争に勝たなければなりません。もし私たちがそれに勝たなければ、私たちの門の中にいる敵は、「一つの世界政府」の計画に描かれているように、私たち全員を奴隷にし、暗闇に陥れるという彼らの計画を実行するために、大きな一歩を踏み出すことになるでしょう。

# 既に公開済み

**ローマクラブ**
新世界秩序のシンクタンク

ジョンコールマン

20世紀に起こった数々の悲劇的、爆発的な出来事は、それ自体で起こったのではなく、確立されたパターンの中で計画されたものであった...。

**これらの偉大なイベントの企画者、制作者は誰なのか？**

**陰謀者たちの階層**
**300人委員会の歴史**

ジョンコールマン

この神と人間に対する公然の陰謀は、ほとんどの人間を奴隷にすることを含んでいる...。

**嘘による外交**
英米両政府の裏切りに関する記述

ジョンコールマン

国連創設の歴史は、欺瞞の外交の典型的な事例である。

**OMNIA VERITAS**

OMNIA VERITAS LTD をプレゼントします。

# 陰謀の彼方へ
見えない世界政府の正体を暴く

ジョン コールマン

歴史的な大事件はすべて、完全な思慮分別に囲まれた人間によって密かに計画されている。

ジョンコールマン

陰謀の彼方へ
見えない世界政府の正体を暴く

高度に組織化された集団は、常に市民に対して優位に立つことができる。

**OMNIA VERITAS**

OMNIA VERITAS LTD をプレゼントします。

# 石油戦争
ジョンコールマン

石油産業の歴史的な記述は、「外交」の紆余曲折を経て、私たちに迫ってくる。

ジョンコールマン

石油戦争

各国が欲しがる資源を独占するための戦い

**OMNIA VERITAS**

OMNIA VERITAS LTD をプレゼントします。

ジョンコールマン

# 社会主義世界秩序の独裁者

この数年間、私たちがモスクワの共産主義の悪に注目している間、ワシントンの社会主義者たちはアメリカから盗むことで精一杯だった——」。

ジョンコールマン

社会主義世界秩序の独裁者

"ワシントンの敵はモスクワの敵より怖い"。

フリーメイソンとは何かを解説した一冊

歴史的な出来事は、しばしば「隠された手」によって引き起こされる...。

タヴィストック人間関係研究所の秘密

www.ingramcontent.com/pod-product-compliance
Lightning Source LLC
Chambersburg PA
CBHW071120280326
41935CB00010B/1070